La Restauration
en questions
Joie, hardiesse, utopies

Du même auteur

Le comte Ferdinand de Bertier et l'énigme de la Congréga-tion (1948). Prix Thiers de l'Académie française.

La Conspiration des légitimistes et de la duchesse de Berry contre Louis-Philippe (1950).

La Restauration (1955 – 5e édition 1999).

Metternich et son temps (1959).

Nouvelle Histoire de l'Église, Tome IV: *La Restauration* (1966), avec la collaboration de MM. Hajar et Rogier.

La Révolution de 1830 en France (1970).

La Sainte Alliance (1972).

Nouvelle Histoire de Paris, La Restauration (1977).

Tableaux de Paris de Jean-Henri Marlet (1979).

Histoire de France (1977 – 3e édition 1997).

La France et les français vus par les voyageurs américains, 1814-1818, 2 vol., (1982-1985).

La Révolution parisienne de 1848 vue par les Américains (1984).

Bibliographie critique des Mémoires de la Restauration, avec Alfred Fierro (1986).

Metternich (1986).

Les Titans du capitalisme américain (1992).

Ouvrages de Pierre-Jean Deschodt

Cher Maître, Lettres à Charles Maurras (1995).

Le Temps des passions, Espoir, Tragédie et Mythe sous la Révolution et l'Empire, en collaboration avec Jean Tulard (1996).

Forger la France, De Saint Louis à Louis XI, en collaboration avec Jacques Heers (1998).

Guillaume de Bertier de Sauvigny

LA RESTAURATION EN QUESTIONS

Joie, hardiesse, utopies

Avec la collaboration de Pierre-Jean Deschodt

BARTILLAT
21, rue Servandoni, 75006 Paris

à René Rancœur

Panorama de la Restauration

La Restauration : vous connaissez ? Sans doute ne verrez-vous pas dans ce vocable une forme du commerce d'alimentation, et vous saurez que dans le vocabulaire politique et historique il a une autre signification. Les Anglais, eux, sauront tout de suite de quoi il s'agit, ayant vécu au xvIIe siècle leur Restauration, avec le retour de Charles II Stuart, remonté sur le trône après la révolution qui avait décapité le roi légitime et après la mort du Protecteur-dictateur Cromwell. De même, en France, après une révolution sanglante et le long règne d'un dictateur, le descendant del'ancienne dynastie retrouva le trône de ses ancêtres.

Ce descendant était le frère du roi Louis XVI, exécuté par les révolutionnaires en 1793. Connu alors sous le titre de comte de Provence, Monsieur avait pu quitter la France et agir comme régent pour son neveu, le petit Louis XVII, emprisonné au Temple. Lorsque l'enfant captif mourut, en juin 1795, le comte de Provence devint l'héritier légitime du trône de France : Louis XVIII.

Ce roi en exil avait déjà vécu dans plusieurs pays avant de trouver asile en Angleterre. L'inactivité forcée, une infirmité des hanches et un appétit exceptionnel l'avaient considérablement alourdi, et il ne se déplaçait que difficilement. Il passait pour intelligent, cultivé, ouvert aux idées libérales, mais n'entendait pas tenir le trône d'une quelconque délégation nationale. On put le vérifier lors de son retour en France, en mai 1814, après la première abdication de Napoléon, lorsque le Sénat napoléonien prétendit l'obliger à reconnaître un droit de la nation. Par la déclaration de Saint-Ouen, Louis XVIII rassura tous les intérêts et promit une Constitution – comme Charles II, rentrant en Angleterre en 1660, avait du publier la «déclaration de Breda». Il tint promesse : le 4 juin fut promulguée la Charte constitutionnelle[1]; mais les intentions des sénateurs étaient déjouées.

Ce régime commençait à fonctionner lorsque, le 1er mars 1815, la brutale réapparition de l'Empereur, échappé de l'île d'Elbe, remit tout en question. Le ralliement des cadres de l'armée découragea les résistances : fuyant devant le vol de l'Aigle, Louis XVIII quitta furtivement le château des Tuileries, dans la nuit du 19 au 20 mars, pour se réfugier à Gand avec quelques fidèles. Les Alliés, alors réunis au congrès de Vienne, résolurent d'éliminer Napoléon. Après avoir vainement tenté de nouer des relations pacifiques, celui-ci prit l'offensive contre les armées britannique et prussienne qui s'assemblaient en Belgique, mais échoua à Waterloo. Contraint à une seconde abdication, il se rendit aux Anglais qui le déportèrent à Saint-Hélène, où il devait mourir en mai 1821.

Le 8 juillet, après ces «Cent-Jours» d'interrègne, Louis XVIII rentra pacifiquement à Paris. Les élections législatives d'août 1815 ayant envoyé à la chambre une majorité de députés «plus royalistes que le roi» – et qualifiés pour cette raison «d'ultraroyalistes» – Louis XVIII appela à la tête du gouvernement le duc Emmanuel de

1. Voir annexe 1.

Richelieu. Mais il donna sa confiance au jeune ministre de la police, Elie Decazes, qui, s'étant attiré l'hostilité de la majorité ultraroyaliste, provoqua pour s'en affranchir la dissolution de cette « chambre introuvable », ce qui mit fin du même coup à une esquisse de gouvernement parlementaire. En octobre 1816, de nouvelles élections donnèrent une majorité plus disposée à appuyer la politique de Decazes, qui tentait de rallier les meilleurs éléments des régimes antérieurs.

Pendant ce temps, Richelieu parvenait à résorber, puis à mettre un terme à l'occupation du pays par les troupes étrangères, qui devait garantir l'exacte exécution par la France des clauses du traité de Paris, imposé au lendemain de Waterloo. Le congrès d'Aix-la-Chapelle entérinait cette libération du territoire et réadmettait la France comme partenaire dans le « concert européen » de l'Alliance. Ce résultat acquis, le duc démissionna. Des pourparlers difficiles s'ensuivirent, à l'issue desquels Louis XVIII accepta finalement de nommer à la présidence du Conseil le général Dessolles ; mais Decazes, toujours ministre de l'Intérieur, restait le véritable chef du gouvernement. Sa politique – « royaliser la nation et nationaliser la royauté » – n'allait pas sans risques, en ce qu'elle profitait aux ennemis de la monarchie : quelques libéraux sincères, mais aussi des républicains alliés aux bonapartistes, tout ce monde s'abritant derrière l'étiquette d'« indépendants ». Conscient du danger, le ministre entreprit de négocier avec les éléments les plus modérés de la droite, mais l'assassinat du duc de Berry, neveu du roi, le 13 février 1820, interrompit cette difficile contremarche. Louis XVIII dut se séparer de son favori et Richelieu revint au pouvoir, à contrecœur.

Les mesures qu'il fit passer à la chambre, au cours de débats passionnés, permirent aux ultraroyalistes de reprendre le contrôle des ressorts de l'État. Par prudence autant que par paresse, le roi se résigna à gouverner en monarque constitutionnel, laissant les ministres choisis prendre la responsabilité de leurs actions. L'influence principale était celle de son frère, le comte d'Artois, héritier du trône, qui avait toujours manifesté son attachement à la politique ultraroyaliste.

Après une deuxième démission de Richelieu, arriva au pouvoir le comte de Villèle, qui présida le Conseil de 1822 jusqu'à la mort de Louis XVIII, puis sous Charles X, jusqu'à la fin de 1827. Parmi ses réalisations, l'ordre exemplaire qu'il établit, comme ministre, dans les finances de l'État. Son collègue aux Affaires étrangères, le grand écrivain Chateaubriand, conduisit la France à intervenir contre les libéraux espagnols, qui avaient imposé au roi Ferdinand VII une constitution démocratique. L'expédition, bien menée et couronnée d'un plein succès, établit devant toute l'Europe le redressement militaire et politique du pays, et consolida le régime à l'intérieur en témoignant du loyalisme de l'armée, où servaient encore d'anciens officiers de Napoléon.

Lorsque Louis XVIII s'éteignit en septembre 1824, la France avait retrouvé, avec le calme et l'ordre, une réelle prospérité économique.

Le comte d'Artois lui succéda sans difficulté. Le nouveau roi séduisait d'abord par sa belle prestance, sa bonté spontanée et son désir de bien faire, mais n'avait de son prédécesseur ni l'intelligence, ni le tact politique. La conscience même qu'il mettait à accomplir sa tâche et à conforter ses prérogatives royales devaient contribuer à compromettre la couronne. À la présidence du Conseil, Charles X maintint d'abord Villèle, dont la politique parut, à une partie de l'opinion, en revenir à l'Ancien Régime. Le journalisme libéral trouva là matière à des déclamations qui n'auraient cependant pas suffi à déstabiliser le gouvernement, si ne s'était développée sur la droite une « contre-opposition » dont l'agitation allait grandissant ; elle avait reçu, en juin

1824, un appoint considérable avec l'arrivée dans ses rangs de Chateaubriand. À la suite d'un incident encore mal éclairci, le ministre des Affaires étrangères, qui avait pourtant si bien œuvré, avait été brutalement renvoyé par Louis XVIII. Il en conçut une rancune inexpiable contre Villèle et tourna contre lui tout le prestige de sa plume, ses positions sur la liberté de la presse et l'indépendance de la Grèce autorisant en outre une collaboration des oppositions de droite et de gauche. Cette conjonction des forces hostiles devait clairement apparaître lors des débats suscités par les projets que présentait Villèle, qu'il s'agît d'indemniser les émigrés spoliés par les confiscations révolutionnaires, de réprimer les sacrilèges, ou de rétablir une sorte de droit d'aînesse dans les successions.

Lorsqu'à la fin de 1827, Villèle, désavoué par une majorité d'électeurs, dut quitter le pouvoir, Charles X se résigna à mettre en place des personnalités plus agréables à l'opposition, dont Martignac, sans prendre la présidence du Conseil, devint le porte-parole. Ce gouvernement un peu terne caressa les sentiments nationalistes par une heureuse intervention dans la guerre d'indépendance de la Grèce et, à l'intérieur, s'en prit aux Jésuites, auxquels il disputa la direction de collèges qu'ils tenaient sous l'appellation discutable de « petits séminaires ».

En août 1829, Charles X surprit cependant l'opinion en portant au pouvoir une équipe d'hommes fortement marqués comme réactionnaires. Le chef de ce gouvernement, le prince Jules de Polignac, crut pouvoir remédier à son impopularité par une nouvelle entreprise militaire, qui pouvait flatter l'opinion nationale. Une expédition fut montée contre le dey d'Alger, qui avait gravement insulté le consul de France ; la ville elle-même était un nid de pirates, dont les entreprises menaçaient la sécurité du commerce et des personnes sur toutes les côtes méditerranéennes. L'opération, brillamment exécutée, aboutit, le 5 juillet 1830, à la prise d'Alger. Paradoxalement, ce succès allait pourtant contribuer à la chute du trône, en incitant Charles X à se durcir à l'égard de l'opposition au moment où sa victoire le privait de ses meilleures troupes.

Au printemps de 1830, les députés votèrent une adresse qui demandait respectueusement au roi de changer ses ministres et à laquelle Charles X riposta par la dissolution de la chambre. Les élections de juin ayant renvoyé une majorité encore plus hostile à Polignac, le roi décida une sorte de coup d'État en invoquant l'article 14 de la Charte : les «quatre» ordonnances [1], publiées le 25 juillet 1830 bouleversaient le système électoral et restreignaient sévèrement la liberté de la presse.

De ce blocage, habilement exploité par l'opposition, sortit la révolution. Aiguillonnée par les journalistes, la population parisienne se souleva et, en trois jours de combats de rue – les «Trois glorieuses» – se rendit maîtresse de la capitale. L'émeute allait-elle déboucher sur une nouvelle république ? Pour écarter cette éventualité, qu'ils redoutaient par-dessus tout, les députés de l'opposition en appelèrent au duc d'Orléans, cousin du roi, qui reçut le titre de lieutenant général du royaume. En vain le roi, réfugié à Rambouillet, tenta-t-il de sauver sa dynastie en abdiquant en faveur de son petit-fils, le duc de Bordeaux, et en demandant lui-même à son cousin d'exercer la régence : les chefs de l'insurrection écartèrent cette solution. Charles X quitta la France sans résister davantage et, le 9 août 1830, le duc d'Orléans fut proclamé roi des Français, sous le nom de Louis-Philippe Ier.

Guillaume de Bertier de Sauvigny

---

1. Voir en annexe 2 les trois ordonnances principales. La dernière ordonnance conférait le titre de conseiller d'État honoraire à M. Bergasse.

La Restauration en trois temps

« Dans la personne de leur roi, ils restauraient l'auto-rité ; dans leurs assemblées, l'ardeur civique et l'élo-quence ; dans l'Église, la gravité spirituelle ; dans leurs jeunes poètes, l'inspiration »[1]. C'est en ces termes que Daniel Halévy évoquait la Restauration. La fin de la France impériale engendrait dans le corps de la nation française une heureuse décrispation des cœurs qui portait les esprits à la joie. Le soulagement qui accompagnait le deuil de l'Empire semblait provenir d'un méca-nisme, établi par la durée des guerres et la sanction de la défaite, par lequel de nouvelles perspectives étaient produites. Afin de satisfaire cette joie naissante, il fallait organiser à l'aide d'institutions, le rétablissement de la stabilité publique, condition essentielle de la « concorde nationale ».

Le retour de Louis XVIII permit donc au peuple fran-çais la réalisation d'une de leurs plus chères aspira-tions, que les guerres napoléoniennes n'avaient cessé d'étouffer, la paix. Cet état tant désiré allait rencontrer au sein d'un cadre constitutionnel un grand allié. Certains

1. Daniel Halévy, *Trois épreuves*, Plon, 1941, p. 20.

ont voulu voir dans cette alliance le fruit du hasard, d'autres celui d'un complot; nous y verrions plutôt le mariage raisonnable entre les crispations du temps et la continuité du principe héréditaire, les dérèglements et l'équilibre issu de la Charte, une société en souffrance et la prudence politique qui émane de la constitution monarchique.

Savoir raison garder, vieil adage que les rois de France avaient toujours espéré pratiquer et transmettre à leurs héritiers, Louis XVIII, à la lumière d'une expérience passée pas toujours bienveillante, tenta de donner à cette raison son fruit raisonnable. Il s'agissait de faire un compromis que le temps des rois garantissait. Le résultat fut une charte à travers laquelle la modernité épousait les formes de la tradition; l'autorité royale se portant garante des libertés. L'autorité en haut, les libertés en bas, voilà le sens de la Restauration.

Le retour à la paix civile ne s'est pas effectué sans tension ni incident. La vengeance, expression de la loi du talion, forte consommatrice en procès et règlements de compte, n'a pas trouvé auprès du gouvernement, malgré le vœu de quelques «impatients», un écho aussi favorable. Certes, des erreurs ont été commises; mais elles se manifestaient dans un contexte où la rancune était devenue un lieu commun. Il fallait des exemples; Ney [2] en fut un. Son sacrifice malheureux fut un acte politique qui concourra à l'apaisement des esprits. Sans d'autres réformes, cet équilibre n'aurait pu être tenu. Les libertés, que reconnaissait la Charte, liberté religieuse dans l'article 5, liberté d'expression légalisée au travers de l'article 8, permirent d'ajouter à la Restau-

---

2. Le maréchal Ney perdit la vie autant par sa propre vanité et celle de ses défenseurs que par la volonté de «vengeance» du gouvernement royal. (G. de Bertier de Sauvigny, *La Restauration*, Flammarion, 1974, pp. 134-135.)

ration une dimension plus humaine que méconnaissait la Révolution et l'Empire. L'échange des idées ne serait plus sanctionné comme il l'avait été sous les régimes précédents. Ce véritable souci de promouvoir un débat légal augmenta la capacité de respiration des tissus de la société. Dorénavant, c'est dans ce cadre que les propositions des partisans ou adversaires des projets gouvernementaux s'élaboraient, que la question des lois et de leur interprétation forçait l'indignation ou l'admiration, que les discussions politiques donnaient lieu à des répliques parfois tranchantes ; les têtes ne pensaient plus, les idées ne se défendaient plus sous la menace de l'échafaud. Le débat contradictoire était né, avec la tentation pour le gouvernement de l'influencer, de le contrôler ; tentation à laquelle il succombait à maintes reprises par le biais des lois sur la presse et par la manipulation du corps électoral. En fait, la paix retrouvée, la libération du territoire obtenue et les libertés admises, la joie s'étiola quelque peu ; les tensions nourries par des élans contradictoires de l'humaine nature, attisées par les événements politiques nourrirent les querelles intestines et modifièrent l'équilibre politique. À quelle passion devons-nous le sursaut ?

Éclairée par l'espérance, poussée par sa force naturelle, la hardiesse restaura le prestige français à l'aide de la valeur militaire. La chose était, pourtant, loin d'être acquise. Après les déconvenues diplomatiques et militaires de l'Empire, la politique extérieure de la Restauration dut se donner les moyens de son ambition. La lutte qu'elle entreprit pour vaincre sa crainte de la défaite n'alla pas, au sein du gouvernement, sans hésitations ni tiraillements. Néanmoins, le succès de l'intervention militaire française en Espagne offrit à la Restauration le respect de son peuple et celui des nations alliées. Les conséquences politiques ne se firent pas attendre,

Villèle put dissoudre la chambre et les élections suivantes furent une belle victoire.

Cette politique audacieuse fut, pourtant, mise en sommeil. La guerre avait un coût financier et les risques encourus mettaient en péril l'équilibre. De cela, Villèle n'en voulait à aucun prix. Il fallut attendre les velléités d'indépendance des Grecs, un changement de ministère, un courant d'opinion favorable pour qu'un corps expéditionnaire, dirigé par le général Maison, fût envoyé avec succès. La hardiesse, véritable passion de l'âme française, l'emporta sur la pusillanimité qui s'était emparé de certains cœurs. En cela, elle s'acquitta de sa tâche ; la crainte refoulée, un dessein honorable s'ouvrit pour la France. Est-il paradoxal de penser que cette même hardiesse plongea le gouvernement de Charles X dans la difficulté ? L'usage que fit Polignac de cette passion se retourna contre le régime ; non pas en imaginant, par un astucieux débarquement, la prise d'Alger, mais plutôt par la témérité de cette entreprise par rapport à une situation intérieure fébrile. Lors des émeutes de fin juillet 1830, les troupes du général Bourmont manquèrent cruellement à Charles X. Malgré une belle réussite militaire, la hardiesse contribua, à sa manière, à la chute du trône. L'excès de ses mouvements entraîna les affaires publiques à de « funestes errements ». La raison de ces maux tenait-elle à l'utopie ?

Sous l'appellation « d'utopie », nous rangeons toute conception politique, sociale ou économique qui fait prévaloir l'idéologie sur les réalités. La Restauration, dans son ensemble, échappe à ce type de projet idéal. Bien au contraire, elle tenta de faire cohabiter les tendances les plus variées. C'est autour d'un compromis qu'elle se fonda et c'est l'interprétation d'un article par le roi Charles X qui conduisit l'opposition à s'en émouvoir et déclencha des hostilités qui lui seront fatales. La

Restauration n'a pas organisé l'utopie, elle eut, cependant, sous la pression d'opinions contraires, des appréciations utopiques. Les ultras s'inspirèrent d'un ordre naturel, dont l'Ancienne France était une émanation, qui faisait fi de vingt-cinq années d'histoire. Instruits par de fortes convictions religieuses, ils furent à l'origine de la loi sur les sacrilèges, qui, à l'usage, resta une construction intellectuelle. Les libéraux eurent aussi leurs rêves. Ils oublièrent que la destruction des organes de protection ouvrière accélérerait le processus de la misère et qu'elle serait insupportable pour l'ordre politique. Quant aux phalanstères de Fourier, sans exercer aucune influence sur la vie sociale de la Restauration, ils représentèrent l'une des plus belles utopies du XIXe siècle. Les « cités-jardins » mettraient un terme à toute forme d'autorité. L'harmonie, par le jeu subtil de 810 passions humaines, engendrerait un état acceptable où chacun suffirait, en l'absence de toute contrainte, à chacun. Certains de ses disciples auraient apprécié que l'utopie du maître soit créatrice de réel. Les expériences qui furent tentées par la suite montrèrent que son système était inadapté à la nature humaine et inapplicable à la réalité des choses.

L'utopie, forme de *passion-idéal*, enflamma les imaginations et alimenta les enthousiasmes de quelques groupes spécifiques. Munis d'un tel instrument idéologique, les faubourgs populaires n'allaient pas tarder à prendre les représentations d'une poudrière sociale.

Pierre-Jean Deschodt

LA JOIE

N'est-ce pas avec un certain soulagement que la population française accueillit, le 6 avril 1814, l'effondrement du régime impérial ?

C'est peu de dire que la chute du régime napoléonien a suscité un « certain soulagement ». En fait, c'était la seule solution possible dans les circonstances. Toutes les autorités responsables s'étaient prononcées pour ce dénouement, ainsi que, dès la fin de 1813, le corps législatif, à travers l'adresse rédigée par Joachim Lainé, député de Bordeaux. Plus tard, le 11 mars, Joseph Bonaparte, chef du conseil de régence, avait écrit à son frère : « Nous sommes à la veille d'une dissolution totale ; Il n'y a d'autre salut que dans la paix. » Puis, au moment de la crise, dans les premiers jours d'avril 1814, le sénat peuplé de créatures de Napoléon, s'était manifesté en faveur de « la déchéance de l'empereur » ; enfin l'armée elle-même, par la voix des maréchaux, lorsque, le 6 avril au matin, ils avaient exprimé à l'empereur leur refus absolu de continuer le combat. L'empereur abdiqua lorsqu'il fut contraint de reconnaître sa solitude face à des structures du pouvoir qu'il avait lui-même institué.

Quelle résistance opposèrent les Français à l'envahisseur ?

Une certaine résistance à l'invasion des armées alliées s'est manifestée en province, résistance mal organisée, qui percevait forcément Napoléon comme son chef naturel. Non pas dans le Midi, au sud de la Loire ; là, les populations, épuisées, écœurées par les violentes réquisitions de l'armée française, pouvaient accueillir les soldats de Wellington comme des libérateurs ; mais dans les provinces du nord-est, tandis que les Russes encadrés par une discipline qu'avait voulue le tsar Alexandre se comportaient plus ou moins bien. Les armées prussiennes se laissaient aller au pillage. Les populations esquissaient une réaction avec des «francs-tireurs», dont la mémoire collective a sans doute exagéré l'importance.

Par quelles causes pouvons-nous expliquer la chute de l'édifice napoléonien ?

Les causes de la chute de l'édifice napoléonien se trouvent clairement exprimées dans l'adresse précitée du Corps Législatif. Je vous lis un extrait de ce texte : «Nos maux sont à leur comble... nous éprouvons un dénuement qui est sans exemple dans notre histoire de l'État : le commerce est anéanti, l'industrie expire... Quelles sont les causes de ces ineffables misères ? Une administration vexatoire, l'excès des contributions, le déplorable mode adopté pour la perception des droits, et l'excès, plus cruel encore, du régime pratiqué pour le recrutement des armées... La conscription est devenue en France un odieux fléau... Depuis deux ans on moissonne les hommes trois fois l'année ; une guerre barbare et sans but engloutit périodiquement une jeunesse arrachée à l'éducation, à l'agriculture, au commerce et aux arts».

De quel poids ont pesé, dans la chute de l'Empire, les manœuvres des sociétés secrètes royalistes ? À quelle aune mesurer leur efficacité ?

C'est une question qui doit rester insoluble. D'un côté, ces sociétés secrètes n'atteignaient qu'une élite sociale et elles étaient bien incapables de provoquer et soutenir un véritable soulèvement. Mais leur action persévérante a contribué à créer une opinion dont l'expression reposait sur un sentiment d'insatisfaction, en la préparant à accepter avec soulagement une solution de rechange au régime napoléonien.

Et la révolution de Bordeaux ?

En effet, l'événement de Bordeaux, du 12 mars 1814, est à cet égard, bien symptomatique. La proclamation de Louis XVIII, décidée par une partie de la municipalité, eut été impossible sans la protection de l'armée anglaise, mais celle-ci ne se serait pas engagée si son chef, Wellington, n'avait été convaincu de l'existence d'un fort parti royaliste, capable d'assumer le pouvoir à Bordeaux et de gagner dans la région le soutien d'autres municipalités.

Le rôle des Chevaliers de la Foi, en cette occurrence, fut probablement déterminant. C'est une intervention personnelle de leur fondateur et animateur, Ferdinand de Bertier, qui aurait rendu possible la fédération ou la collaboration des diverses organisations royalistes alors actives à Bordeaux. Et c'est lui encore qui aurait incité Wellington à détacher le corps de Beresford sur Bordeaux, pour y faire reconnaître le duc d'Angoulême.

Vous avez précédemment souligné l'importance des Chevaliers de la Foi. Comment s'organisèrent-ils ?

Cette société secrète des «Chevaliers de la Foi» était restée inconnue par notre historiographie jusqu'à la publication, en 1948 par votre humble serviteur, d'une thèse sur *L'Énigme de la Congrégation*, appuyée sur les *Souvenirs* de Ferdinand de Bertier, eux mêmes publiés plus tard, en deux volumes (1990-1993). L'institution trouvait son origine à la fois dans la franc-maçonnerie – tenue pour responsable de la Révolution française, idée développée par l'ancien jésuite Augustin Barruel dans ses *Mémoires pour servir à l'histoire du jacobinisme* ; – et dans le souvenir romantique des Ordres de chevalerie du Moyen Âge. À la franc-maçonnerie, on avait emprunté une organisation hiérarchique qui maintenait les grades inférieurs dans la double ignorance des degrés supérieurs et des objectifs des dirigeants. Des anciens Ordres de chevalerie, étaient tirés à la fois la symbolique et l'idéal chrétien et monarchique, qui liaient les partisans au service du Trône et de l'Autel.

Le premier grade de l'Ordre était celui des « associés de charité », qui participaient par leurs prières et leurs contributions à une entreprise qui se voulait pieuse dont les œuvres charitables, la diffusion des idées chrétiennes et monarchiques constituaient son dessein. Le second grade était celui « d'écuyer », à qui l'on annonçait le rétablissement de la chevalerie. C'est dans une position spécifique à genoux devant un crucifix entouré de luminaires que le postulant prêtait serment sur les évangiles de conserver le secret, d'être fidèle à Dieu, à l'honneur, au Roi et à la Patrie ; il recevait une sorte d'adoubement caractérisé par un coup de plat d'épée sur l'épaule et l'accolade avec les chevaliers présents ; on lui passait au doigt un anneau béni à l'intérieur duquel était gravé le mot « caritas ». C'est pourquoi la société secrète a parfois été connue sous le nom de « société de l'anneau ». Ensuite venait le grade de « chevalier hospitalier », chargé plus particulièrement de l'aide aux malades et aux prisonniers ; son insigne était un chapelet avec une croix d'ébène. Le grade suprême était celui des chevaliers de la Foi ; qui seuls connaissaient toute la dimension de l'Ordre et son double but politique et religieux. L'ordre était gouverné par un conseil supérieur de neuf membres ; ils envoyaient ses instructions aux *sénéchaux* responsables chacun d'une division militaire. La cellule de base était la «bannière», antithèse de la loge maçonnique ; ses limites correspondaient à celles du département.

Voilà pour l'organisation théorique ; en fait, de l'aveu même du fondateur, les ordres basiques devaient à l'usage tomber en désuétude ; une fois connue l'existence du grade supérieur des chevaliers de la Foi, chacun prétendait, effectivement y accéder.

Pour occuper la dignité de Grand-Maître de l'Ordre Ferdinand de Bertier avait soutenu la personnalité de Mathieu de Montmorency ; or celui-ci était, par ailleurs, «préfet» de la Congrégation, la pieuse société fondée, ou plutôt ranimée par le P. Ronsin, sous le Consulat de Bonaparte. D'autres personnalités royalistes – entre autres, Jules de Polignac, Charles de Rivière, Alexis de Noailles – occupaient la double qualité de membres de la Congrégation et de Chevaliers de la Foi. D'où la confusion issue de la propagande libérale et qui s'est perpétué dans l'historiographie ; prêtant à la société religieuse l'activité politique de la société secrète, pour en faire l'instrument obscur de la politique réactionnaire de la Restauration.

Les convictions religieuses des Chevaliers, étaient elles compatibles avec la loi du secret ?

Les condamnations portées à Rome contre la francmaçonnerie, et, en général, contre les sociétés secrètes, pouvaient être troublantes. On voulut avoir l'assentiment du Saint-Siège. Jules de Polignac, envoyé à Rome,

à la fin de 1814, reçut comme mission d'introduire une
négociation sur la réforme du concordat napoléonien.
En marge de cette affaire, il fut à même de révéler au
cardinal Pacca l'existence de l'ordre secret. Ce digni-
taire ecclésiastique fit savoir qu'il n'était pas dans
les usages du Saint-Siège d'accepter une organisation
qui n'était pas reconnue par le Roi, et dont les statuts
restaient inconnus. Néanmoins, après avoir consulté
Pie VII, il accorda aux membres de la société des
faveurs spirituelles qui laissaient penser que l'Église
ne condamnait pas leur engagement.

*Pourquoi Talleyrand soutint-il pour la France la
cause du retour des Bourbons dans la personne de
Louis XVIII ?*

Que Talleyrand ait joué un rôle important, essentiel
même, dans la restauration de Louis XVIII en avril 1814,
c'est une évidence. C'est lui qui a fait admettre aux dirigeants alliés entrés à Paris que le retour de l'ancienne
dynastie constituait la meilleure chance de paix avec la
France défaite militairement, que c'était, comme le dit
le tsar Alexandre, « une conséquence nécessaire imposée par la force des choses ». C'est lui, Talleyrand, qui a
poussé le sénat à accepter la déchéance de Napoléon
et le principe du rappel de Louis XVIII, tandis qu'il formait un gouvernement provisoire.

Quel objectif poursuivait-il ?

Même s'il a soutenu, à raison, que tel était l'intérêt de
la France, il va de soi que le « diable boiteux » ne négli-
geait pas, ce faisant, son intérêt personnel. Venant de
lui, le contraire eût surpris. Depuis 1810, il était margi-
nalisé, et même tenu en suspicion par Napoléon. En se
faisant l'instrument de la Restauration, il retrouvait un

espace politique à sa mesure et, avec les instruments du pouvoir, la possibilité de s'adonner à nouveau au jeu des négociations rentables grâce auxquelles il n'avait cessé, depuis le Directoire, de conforter sa fortune.

Dans l'imagerie populaire, Talleyrand apparaît par son action au Congrès de Vienne comme le grand artisan de la pacification ; qu'en pensez-vous ?

L'image de l'ancien évêque d'Autun a bénéficié, dans notre historiographie, d'une singulière faveur. Présenté comme un maître de la diplomatie, on le crédite d'avoir su tirer, de la défaite de la France, des avantages qui en auraient fait l'arbitre privilégié du concert européen, au bénéfice de la paix. En réalité, le bilan de ses interventions en 1814-1815 prête pour bonne part à la critique.

La première porte sur la négociation de la convention d'armistice du 23 avril 1814, préparant la signature du premier traité de Paris du 30 mai. D'un trait de plume étaient liquidées toutes les conquêtes territoriales des armées républicaine et impériale, la France se trouvant ramenée aux limites de 1792 ; ce repli devait être perçu comme une vexation par une grande partie de l'opinion. Pour répondre à ce reproche, Talleyrand pouvait faire valoir la fermeté des Alliés, qui n'avaient pas fait mystère, au cours des mois précédents, de leur volonté de ramener la France à ses anciennes frontières. En outre, il devenait urgent de mettre fin à un état de guerre qui accablait les populations des provinces de l'énorme fardeau des réquisitions. Les Alliés, en échange, s'étaient engagés à retirer leurs troupes sans délai, sans percevoir aucune indemnité, et en abandonnant même à la France les très nombreuses œuvres d'art sur lesquelles Napoléon avait fait main basse, dans toute l'Europe.

Mais pourquoi avoir fait son deuil, sans discussion, des cinquante-trois places fortes que conservaient les troupes françaises au delà des anciennes frontières ? Ne pouvaient-elles pas fournir un gage efficace dans le cadre des négociations de paix ? À cela on pouvait objecter que cette monnaie d'échange n'était jamais qu'une monnaie dévaluée, qui se dépréciait chaque jour davantage, du fait du blocus, et qu'il convenait de négocier à son cours le plus haut, c'est-à-dire le plus vite possible. Force est d'admettre qu'en l'occurrence l'argument n'est pas sans valeur.

Mais peut-on en dire autant en ce qui concerne les résultats de son action au congrès de Vienne ?

Si l'on en croit sa correspondance avec Louis XVIII, Talleyrand aurait obtenu un succès certain, d'abord en obtenant que le représentant français siège au sein du conseil des Alliés pour la préparation des décisions du congrès, puis en constituant avec l'Angleterre et l'Autriche une alliance contre la Russie et la Prusse. Ces deux puissances s'étaient accordées pour un partage du royaume de Saxe au profit de la Prusse, la Russie devant, de son côté, s'occuper de l'ancienne Pologne par l'annexion de la plus grande partie de son territoire. Le roi de Saxe devait être compensé par la possession des anciennes principautés ecclésiastiques de Rhénanie. L'Angleterre et l'Autriche, qui s'opposaient à ce beau projet, invitèrent en effet la France à sceller avec elles une alliance plus ou moins confidentielle. Les partenaires russe et prussien furent tenus de revoir leurs prétentions et de négocier de nouveaux arrangements territoriaux. En définitive, la Prusse abandonna l'annexion de la Saxe, acceptant en échange les principautés ecclésiastiques de Rhénanie. Talleyrand, croyant avoir défait la coalition, lui avait permis de traverser une épreuve qui aurait pu lui être fatale. Bien plus, il avait aidé à installer sur le Rhin, au lieu du «débonnaire roi de Saxe», parent et allié du roi de France, les Prussiens, ses ennemis les plus vigoureux et, militairement, les plus inquiétants.

Ainsi faut-il, paradoxalement, exonérer Talleyrand des reproches qui lui ont été adressés concernant les premières négociations de Paris, pour mettre au contraire à son passif son intervention au congrès de Vienne, si souvent louangée, mais qui porte en germe, sous l'apparence d'«un succès provisoire et formel», un danger réel.

Quant au régicide Fouché, on s'étonne de le voir prêter la main à la restauration d'une dynastie qu'il avait contribué à faire disparaître. L'ancien professeur de l'Oratoire n'avait-il pas, en effet, voté la mort de Louis XVI, terrorisé à Lyon, pris une part active au coup d'État de Bonaparte et combattu avec une redoutable efficacité les menées royalistes sous le consulat et l'empire ? Comment expliquez-vous ce revirement ?

L'action de Fouché fut déterminante lors des deux restaurations : en 1814, c'est en effet lui qui inspira la déclaration de Saint-Ouen, grâce à laquelle on parvint à concilier les souhaits du roi avec l'attachement du sénat napoléonien à un certain héritage révolutionnaire ; c'est encore lui qui, au lendemain de Waterloo, obtint la direction du gouvernement provisoire, qui devait lui permettre de préparer le retour des Bourbons. On peut effectivement s'étonner de voir Fouché épouser ce parti, quand on connaît son passé révolutionnaire : son revirement s'explique sans doute par l'acuité du sens politique et par l'opportunisme sans vergogne du personnage. Ayant compris la nécessité et l'inéluctabilité du retour de Louis XVIII, il se résolut à le faciliter, et même à s'en faire l'instrument : à se rendre suffisamment indispensable, en un mot, pour pouvoir espérer figurer en bonne place au sein du futur gouvernement, susceptible de protéger au mieux ses intérêts.

Il faudra attendre la naissance du duc de Bordeaux pour que la société française participe à des mouvements de bonne humeur et de ferveur populaire. « Le mort saisit le vif » ne constitue-t-il pas le charme multiséculaire de la monarchie française ?

Il est vrai que la naissance du duc de Bordeaux apporta comme une éclaircie de bonheur dans un pays dont la stabilité intérieure était menacée par les entreprises des extrémistes libéraux, tandis que dans plusieurs monarchies voisines la révolution semblait triompher. Cette naissance arrivait plus de six mois après le meurtre du père – le duc de Berry, tombé, le 14 février 1820, sous le poignard d'un assassin qui avait l'intention de porter atteinte à la succession dans la famille royale ; elle apparaissait comme une sorte de miracle, un signe de la protection du Ciel. Il n'existe pas de moyen de mesurer l'impact de l'événement sur l'opinion. Les manifestations de joie des royalistes dans tout le pays devaient décourager les oppositions et ouvrir la voie à un gouvernement pour lequel la lutte contre le parti libéralo-bonapartiste serait une réalité.

Au nouveau né Louis XVIII donna le nom de Henri et le titre de duc de Bordeaux, le mettant ainsi sous le patronage du plus populaire des rois Bourbon, et rappelant le rôle capital joué par la ville de Bordeaux dans la restauration de mars 1814. Cette naissance était aussi importante en ce qu'elle mettait un terme – provisoirement et apparemment – aux ambitions et aux intrigues du chef de la branche cadette, Louis-Philippe d'Orléans.

Les manifestations populaires laissent cependant

penser que la vieille religion de la monarchie, le prestige presque magique de la personne du roi de France,
avaient survécu au régicide de 1793 et à l'usurpation
napoléonienne. On devait d'ailleurs le vérifier lors de
l'avènement de Charles X, que la France fêta dans une
atmosphère générale de satisfaction et d'espoir. Lorsqu'on lit les comptes rendus de l'accueil réservé au
nouveau roi, à l'occasion de cet avènement et, par la
suite, au cours des visites qu'il fit aux provinces, on ne
peut douter de la popularité dont put jouir Charles X
avant que les campagnes de la presse d'opposition ne
parviennent à ternir son image – travail de dénigrement
obstiné qui se poursuivit après la Révolution de 1830.

LA FUITE

Moins d'un an après le retour de Louis XVIII, l'Empereur, bénéficiant d'une conjoncture favorable et d'un réveil de l'opposition bonapartiste, débarquait à Golfe Juan. Quelles explications pouvons-nous apporter à l'échec de la première Restauration ?

Le retour imprévu de Napoléon, débarqué le 1er mars 1815 sur la plage du Golfe Juan, est survenu au moment où se développaient dans le pays les germes d'un mécontentement qu'alimentaient, certes, des blessures d'orgueil et des conflits de personnes, mais aussi le déséquilibre des finances résultant de la politique d'économies imposée par le baron Louis. Le comte d'Artois avait fait naître des espoirs en promettant, lors de son retour : « Plus de conscription, plus de droits réunis ! » Mais ces attentes avaient été déçues, le baron Louis, chargé des finances dans le nouveau gouvernement, ayant aisément convaincu ses pairs qu'il serait déraisonnable de se priver des confortables rentrées que représentait l'impôt de consommation. Son seul maintien devenait emblématique des promesses trahies et créait un malaise au sein de la population. Encore devait-il affronter des problèmes insolubles pour contenter les personnes : du fait de l'effondrement de l'édifice impérial européen, une foule de fonctionnaires précédemment employés à l'extérieur des frontières étaient rentrés en France en pensant y retrouver des postes identiques ; s'y ajoutaient les émigrés revenus avec les princes et tous ceux qui avaient pris quelque part à la Restauration : tous souhaitaient se voir récompenser de leur dévouement et assiégeaient les ministres de leurs vœux. Comment satisfaire tant de solliciteurs ? On accusait déjà l'ingratitude des princes...

Les anciens émigrés émettaient le désir de retrouver leurs anciens privilèges statutaires, à défaut de leurs biens dont le roi avait reconnu l'irrémédiable aliénation. Des ecclésiastiques diffusaient des déclarations qui proclamaient l'achat des biens nationaux moralement inadmissible. Des cérémonies d'expiation venaient rappeler l'antichristianisme et les excès meurtriers de la Révolution. À tous ces maux, il faut ajouter encore le chômage des ouvriers, que l'arrêt des travaux, faute de crédits, avait augmenté.

Les suppressions de postes les plus nécessaires, mais aussi les plus risquées à opérer, concernaient l'armée : on avait dû écarter et placer en demi-solde, onze à douze mille officiers en surnombre. Comment ces vétérans de toutes les campagnes et de toutes les gloires n'eussent-ils pas détesté le souverain podagre et appelé de leurs vœux le retour du « petit caporal » ? Et comment cette détestation ne se fut-elle pas accrue au spectacle de la réintégration au sein des cadres de l'armée, parallèlement entreprise, d'un certain nombre d'officiers d'Ancien Régime qui avaient porté les armes aux côtés de Condé et des Vendéens ? À ces braves, la reconstitution des corps de parade de la maison du roi semblait plus impossible encore à digérer : chevau-légers, mousquetaires gris et noirs, gendarmes de la Garde... Le gouvernement trouvait pourtant là un moyen de satisfaire des milliers de solliciteurs sans trop bouleverser les cadres de l'armée de ligne.

En somme l'œuvre du baron Louis, évoquée parfois comme l'aspect positif de la première Restauration, semble, en dernière analyse, à l'origine de la plupart des causes de mécontentement.

Le face à face entre les royalistes et Napoléon eut-il lieu ?

Non, il n'y a pas eu de face à face entre Napoléon et les royalistes. C'est justement pour l'éviter que l'empereur a choisi de suivre la route des Alpes, en s'écartant de la vallée du Rhône où il avait eu l'amère expérience d'être vilipendé lors de son passage en 1814. La seule confrontation qui s'effectua au défilé de Laffrey mettait en présence de Napoléon, non pas des royalistes, mais d'anciens soldats dont le ralliement à sa cause paraissait évident. Si l'on avait suivi la suggestion de Chateaubriand, il aurait pu y avoir une confrontation autrement tragique : Napoléon, arrivant aux Tuileries, aurait trouvé Louis XVIII l'attendant, assis en majesté sur son trône, entouré des représentants de la nation. Mais le roi n'avait pas l'âme d'un sénateur romain, et, du reste, il eut été aisé pour Napoléon de régler la question en le faisant enlever, soit pour l'interner, soit pour le bannir.

La fin brutale de la monarchie, sans tomber dans la fiction ou les anachronismes, aurait-elle pu être évitée ?

L'effondrement brutal de la Première Restauration n'était nullement une fatalité. Après 1815, la monarchie parvint à résoudre bien d'autres difficultés. On peut penser qu'avec un peu de temps, on aurait su mesurer les déficiences et les corriger. Décisive fut l'irruption imprévue de Napoléon, si peu de temps après son départ en exil, alors que ses partisans occupaient des fonctions dans de nombreuses administrations et en particulier dans l'armée – cette irruption imprévue et dans de telles conditions fut en effet décisive.

Avec quelles autorités l'empereur a-t-il du composer pour fonder son retour ?

À son retour, Napoléon a dû affronter une situation à laquelle s'adaptait mal son génie ; un an de régime constitutionnel avait transformé les habitudes de la nation, qui n'était plus disposée à supporter un pouvoir tyrannique. Lui-même avait imaginé, dans les premiers moments, devoir adopter le langage révolutionnaire contre les nobles et les prêtres, et maintenant il se trouvait incapable de contenir les élans populaires ; il devait se vêtir des habits d'un monarque constitution-nel, et se faire écrire à la hâte par Benjamin Constant une constitution libérale, sous le titre d'Acte addition-nel aux constitutions de l'Empire. Son pouvoir était en outre contesté à l'intérieur par une résurgence des insurrections royalistes dans l'Ouest, et menacé plus gravement encore par la décision prise par les Alliés, réunis en congrès à Vienne, de le mettre hors la loi, avec promesse solennelle de le combattre jusqu'à sa disparition. À l'intérieur même de son gouvernement, Fouché, redevenu ministre de la police, le trahissait de façon éhontée. «Il s'agite beaucoup, aurait-il dit à un confident, mais il n'en a pas pour trois mois... Je veux bien qu'il gagne une ou deux batailles, mais il perdra la troisième, et alors notre rôle commencera».

Comment le déroulement des Cent-Jours s'est il ordonné ?

Exactement comme l'avait prévu Fouché. Dès le lendemain de son arrivée aux Tuileries, Napoléon, conscient que les alliés qui l'avaient abattu en 1814 ne resteraient pas sans réagir, demanda au fidèle Caulaincourt d'aller voir les ambassadeurs d'Autriche et de Russie, qui n'avaient encore pu quitter Paris, pour les assurer de ses intentions pacifiques. Il était prêt, affirmait-il, à ratifier toutes les dispositions du traité de Paris du 31 mai 1814, y compris celles qui ramenaient la France à ses frontières de 1792. Lui-même confirmait ces bonnes résolutions dans un message personnel adressé le 4 avril aux souverains alliés, où il se déclarait décidé à ne porter ses efforts que « sur la lutte sainte à la félicité des peuples ». En outre, désireux de se concilier le tsar Alexandre, il lui faisait tenir le texte du traité secret, hostile à la Russie, que Talleyrand avait signé l'année précédente, à Vienne, avec les représentants de l'Autriche et de l'Angleterre. Tous ces efforts devaient pourtant rester vains : le 2 mai, les Alliés publièrent un manifeste dans lequel ils s'affirmaient résolus à détruire l'ennemi de la paix.

Il leur fallait toutefois du temps pour donner à leurs armées les moyens de vaincre. Napoléon, avec une merveilleuse activité, mit ce délai à profit pour reconstituer une puissante armée et déclencha les hostilités avant que les troupes autrichiennes et russes aient pu se mettre en ordre de bataille. Son plan était d'éliminer d'abord, avant qu'elles aient pu se joindre, les forces des deux alliés qui se concentraient en Belgique : d'une part l'armée anglo-hollandaise commandée par Wellington, de l'autre les Prussiens de Blücher. Attaquant en direction de Charleroi, l'empereur se porta sur la Sambre, au point de jonction de ses deux ennemis, en espérant ainsi rejeter les Anglais sur Bruxelles et les Prussiens sur Namur.

Le 16 juin, l'armée française prend l'initiative, combat les Prussiens à Ligny et les repousse, leur infligeant des pertes sensibles, mais sans engager la poursuite. Napoléon avait en effet l'intention de porter un coup aux Anglais, qui avaient eu affaire ce même 16 juin, au lieu dit des Quatre-Bras, à un corps d'armée commandé par le maréchal Ney, sans que celui-ci soit parvenu à conclure. Dans la journée du 17, Wellington fit mouvement vers le nord, pour s'établir devant Waterloo et y livrer une bataille défensive, en attendant le renfort que lui avait promis Blücher. Napoléon, confiant au général Grouchy le soin de suivre et de neutraliser les Prussiens, se porta à son tour, avec le gros de ses forces, sur Waterloo, dans la nuit du 17 au 18. La fatigue et de difficiles conditions climatiques le contraignirent à n'engager la bataille que vers onze heures du matin : délai qui devait lui être fatal, puisqu'il permit aux Prussiens d'arriver à temps, vers sept heures et demie du soir, pour appuyer Wellington, contre lequel la Vieille Garde Impériale lançait une dernière attaque désespérée.

Rentré à Paris et fatigué, Napoléon se laissa convaincre d'abdiquer une seconde fois en faveur de son fils. Mais la chambre proclama un gouvernement provisoire. Fouché, son président, devait rendre possible, par la négociation avec Wellington, le retour de Louis XVIII. Cependant Napoléon, qui avait passé la semaine à la Malmaison, échafaudait des projets de revanche. Il partit finalement le 29 juin, songeant à s'embarquer pour l'Amérique, puis, convaincu de l'impossibilité d'une telle solution, finit par se livrer lui-même aux Anglais, à la mi-juillet, sur le *Bellerophon*.

Les Cent-Jours eurent-ils un coût ?

Aux admirateurs de l'épopée napoléonienne, il faut rappeler l'immensité des maux apportés à la France par l'épisode des Cent-Jours, en dehors des pertes sanglantes de la bataille de Waterloo – plus 30 000 hommes tués ou blessés. Les Alliés, mobilisés pour la seconde fois, étaient motivés à faire sentir à « l'incorrigible nation » le poids de son échec. Alors qu'en 1814, la paix signée, ils avaient retiré leurs troupes sans aucune compensation, cette fois le territoire national était occupé par un million de soldats en provenance de toute l'Europe, pour être entretenus sur les ressources françaises. Par le nouveau traité, signé le 20 novembre 1815, la France perdait les avantages territoriaux concédés en 1814 (un tiers de la Savoie et quelques cantons sur la frontière du nord-est). Elle devait payer une substantielle indemnité de guerre dont la garantie résidait dans l'occupation militaire du pays. Nous reviendrons plus tard sur les éléments du traité. En même temps, les Alliés renouvelaient le pacte qui mettait la France sous tutelle ou sous surveillance.

Non moins dangereuse était la situation intérieure issue des Cent-Jours. En 1814, les Bourbons avaient été restaurés en dépit du mauvais vouloir des Alliés ; maintenant toutes les apparences inclinaient à penser que le gouvernement royal avait été commandé de l'étranger. Surtout, on ne pouvait dire, comme en 1814, « ni vainqueurs ni vaincus » ; il y avait des vaincus : tous ceux qui avaient déserté la cause du roi pour celle de Napoléon ; ils incarnaient la traîtrise qui devait en faire des ennemis irréconciliables de la monarchie. Les vainqueurs, ceux dont la fidélité n'avait pas failli, œuvraient pour des sanctions. La France serait pour de longues années coupée en deux peuples ennemis. La simple comparaison entre 1814 et 1815 permet de mesurer les responsabilités de Napoléon.

Le territoire envahi, une Europe hostile, des rancœurs et des rancunes durables divisant les Français... À l'aide de quels procédés la seconde Restauration a-t-elle su s'imposer ?

Les manœuvres de Fouché apparaissent déterminantes : abdication puis éloignement de l'empereur, formation d'un gouvernement provisoire sous sa présidence, neutralisation de la majorité de la chambre des députés, contacts pris avec Wellington et Louis XVIII. Tout cela a pu assurer le rétablissement du roi avec le minimum de « casse » ; mais, au fond, ce retour de Louis XVIII était plus prévisible que lors de son premier avènement : alors qu'en 1814 les Alliés avaient envisagé plusieurs autres solutions, en 1815 les droits du Bourbon avaient déjà été reconnus par l'Europe. Il retrouvait un trône dont il n'avait été chassé que temporairement et par accident ; et les Alliés, à Vienne, s'étaient engagés à le rétablir.

Une chambre introuvable, qui succède au ministère Talleyrand-Fouché, n'est-elle pas le signe de tous les dangers ?

Je ne vois pas du tout l'avènement de la chambre introuvable comme « un signe de danger », sinon pour les hommes en place dont la personnalité et le passé rappelaient les souvenirs de la Révolution et de l'Empire. L'histoire d'inspiration libérale a imposé l'image d'une chambre presque entièrement composée de nobles et d'émigrés désireux d'un retour à l'Ancien Régime. Or, l'ancienne noblesse n'y représente que 35 % de l'effectif, et les émigrés ne sont que 90 sur les 381 présents au début de la session, plus d'un tiers des députés ayant au contraire servi l'administration impériale. En outre, aucun ecclésiastique n'avait été élu.

Il faut aussi souligner la relative jeunesse de ce personnel ; on n'y compte que 57 sexagénaires et 115 députés ont moins de 45 ans ; c'est-à-dire avaient moins de vingt ans lors du début de la Révolution et n'avaient guère pu profiter des privilèges de l'ancienne noblesse. Leur royalisme était fait d'espérances et non de nostalgie. Quoiqu'il en soit, la majorité royaliste dont était issue la chambre introuvable entendait bien faire litière du système révolutionnaire et impérial ainsi que du personnel qui en était l'expression. Cela allait engendrer des conflits, et c'est peut-être en ce sens que l'avènement d'une majorité ultraroyaliste pouvait annoncer des déséquilibres. L'espèce de coup d'État que fut la dissolution de la chambre introuvable, le 5 septembre 1816, a été souvent décrit comme une heureuse tentative de dissocier la monarchie des éléments réactionnaires, mais on n'a pas assez insisté que cette ordonnance consacrait l'échec du régime parlementaire, tel que l'avait ambitionné Chateaubriand dans son livre *De la monarchie selon la Charte*, un régime où la volonté de la majorité du Parlement devait se refléter dans la composition du ministère et s'imposer au roi lui-même.

Par quelles étapes la libération du territoire s'est-elle réalisée ?

La libération du territoire a été, dans les premiers temps de la seconde Restauration, une préoccupation essentielle du gouvernement et de son chef, le duc Emmanuel de Richelieu, en même temps ministre des Affaires étrangères. Il n'était plus question, pour les vainqueurs de 1815, de montrer la même indulgence qu'en 1814.

Rappelons que d'après le second traité de Paris, signé le 20 novembre 1815, la France devait céder quelques territoires frontaliers et rentrer ainsi dans ses limites de janvier 1790, et non plus celles de 1792 qui avaient été acceptées en mai 1814. Qu'elle devait payer, en règlements échelonnés, une indemnité de guerre de 700 millions; qu'elle prenait l'engagement de régulariser toutes les dettes contractées par les précédents gouvernements français envers les particuliers des pays alliés. Enfin, pour veiller à l'exécution de ces diverses obligations, les départements frontaliers du nord et de l'est seraient occupés par 150 000 hommes de troupes étrangères, une occupation qui pourrait durer entre trois et cinq ans et dont les frais (150 millions par an) seraient aussi de la responsabilité de la France.

Sur le montant de l'indemnité de guerre, la discussion n'était pas de mise; le mécanisme de son règlement avait été mis en place et fonctionnait régulièrement, grâce aux emprunts onéreux consentis par les banques Hope d'Amsterdam et Baring de Londres. Quant aux indemnités dues au particuliers, on n'en connaissait pas le montant. Seuls les frais d'occupation laissaient apparaître un certain jeu et un allégement éventuel pour le Trésor français. Dès le mois de mars 1816, Richelieu tâtait le terrain auprès de la Russie, faisant valoir qu'une atténuation de ces frais d'occupation permettrait d'acquitter plus sûrement les annuités de l'indemnité de 700 millions. La demande obtint de Metternich un soutien inattendu; le ministre autrichien, soucieux de limiter l'influence russe pour protéger l'équilibre européen, appuya la démarche française. Le principal problème était d'obtenir le consentement de Wellington, commandant en chef du corps d'occupation. Celui-ci traîna les pieds, arguant des troubles potentiels que présentait la situation intérieure du pays. Finalement, sous la pression du tsar et le consentement de son gouvernement, le « duc de fer » mollit. En février 1817, il admit que l'on pourrait réduire de 30 000 hommes le corps d'occupation, ce qui diminuerait de 30 millions la charge annuelle du Trésor français.

Il fallait encore, pour pouvoir mettre fin à l'occupation du territoire, régler les dettes aux particuliers. Richelieu, en signant cet accord, et les Alliés eux-mêmes en avaient estimé le montant à 200 millions environ. Or, une fois comptabilisées toutes les réclamations – qui se trouvèrent au nombre de 135 000 – la somme due se monta au chiffre extravagant de 1 600 millions. Les Alliés eux-mêmes durent se rendre compte que cette somme était hors de proportion avec la fortune de la France. Après bien des pourparlers, Richelieu s'en remit à l'arbitrage du duc de Wellington. Celui-ci, après une révision minutieuse de toutes les réclamations, fixa la somme à 240 millions. Par la convention signée en avril 1818, la France créa 12 040 000 de rentes, correspondant à un capital nominal de 240 000 000, qui allait être réparti entre les créanciers. Pour faire face à cette charge nouvelle, le ministre des finances, le baron Corvetto, négocia un deuxième emprunt auprès des banquiers Hope et Baring.

Richelieu possédait dès lors les moyens d'obtenir la fin de l'occupation que les Alliés ne trouvaient, pour leur part, aucun intérêt à prolonger, puisque les clauses financières du traité étaient remplies. Ils annoncèrent donc, en mai 1818, leur intention de réunir un congrès qui s'ouvrit en septembre 1818 à Aix-la-Chapelle, Richelieu y représentant Louis XVIII. L'arrangement demandé par la France, entériné dès le 9 octobre, fixait le départ des troupes étrangères au 30 novembre, et prévoyait que la somme restant à régler sur l'indemnité de guerre serait régularisée et légèrement réduite : 265 millions au lieu de 286.

Le peuple devait saluer à sa façon cette libération ; la vendange de cette année ayant été exceptionnellement bonne, les vignerons de l'Est appelèrent ce cru généreux « le vin du départ ».

Quels furent les atouts du duc de Richelieu ?

Ce grand honnête homme n'aimait guère la comédie, il était incapable de dissimuler ses pensées ; son humilité le rendait de même incapable de prendre des résolutions vives et fermes. L'improvisation et le sens de la rhétorique étaient absents d'une nature qui se figeait dans l'échec. Mais au bout du compte, ses faiblesses devaient le servir autant que ses qualités. Son désintéressement était évident ; son honneur chevaleresque, sa fidélité faisaient plus pour ramener la sympathie de l'Europe là où toutes les roueries de Talleyrand n'avaient pu que masquer des déficiences. Le tsar Alexandre le connaissait bien, ayant fait appel à ses services comme gouverneur de la Crimée conquise sur les Turcs, tâche dont il s'était acquitté à merveille ; il disait de lui : « C'est le seul homme qui m'ait fait entendre la vérité. » Et Wellington : « Sa parole vaut un traité. »

Quinze ans plus tard, c'est au tour de Charles X de renouer avec la malédiction familiale. Quels furent les éléments qui annoncèrent la crise et la chute du dernier Bourbon ?

La chute de Charles X, en juillet 1830, s'est trouvée préparée beaucoup plus tôt par la division du parti royaliste et la formation d'une *contre-opposition* de droite au gouvernement de Villèle ; puis par l'incapacité du Roi à remplacer ce ministre qui gardait sa confiance, alors qu'il avait perdu celle de l'opinion publique, représentée par la presse. Enfin par l'échec de la tentative pour regrouper la droite sous la direction de Polignac. Les réactions hostiles de l'opinion à l'avènement de ce ministère auraient dû lui ouvrir les yeux.

D'intrigues en trahisons, d'innocence en naïveté, l'abdication de Charles X était-elle inscrite dans un sens de l'histoire ?

Aucune fatalité ne présida à l'abdication de Charles X, qu'il faut plutôt considérer comme un accident. On peut imaginer ce qui se serait passé si le Roi, après le vote de l'adresse, en mars 1830, par une faible majorité de 221 députés, ou bien encore après l'échec marqué des élections commandées en juin-juillet 1830, avait consenti à écouter le vœu de la majorité et changer de ministère. Les députés de l'opposition étaient tout disposés à ménager l'amour-propre du vieux roi ; des hommes comme Casimir Périer et Sebastiani envisageaient même de conserver Polignac dans le gouvernement si le Roi voulait bien faire appel à eux. La perspective d'un mouvement populaire faisait horreur aux bourgeois bien nantis. Ils n'apportèrent leur appui au mouvement populaire déclenché en dehors d'eux, que lorsqu'ils y virent le seul moyen d'éviter une révolution sociale.

Comment s'organisa la vie en exil de Charles X ?

S'étant embarqué le 16 août à Cherbourg, le roi arriva le 17 août en vue de Portsmouth, dans la baie de Spithead. Tandis que les princesses et les enfants allaient se loger en ville, Charles X et son fils restèrent à bord du *Great Britain*, pendant que l'on discutait de leur destination avec le gouvernement britannique. Finalement, il fut décidé que la famille royale irait s'établir au château Lullworth, situé près de la côte, à une soixantaine de kilomètres à l'est de Portsmouth. Ce château, alors inhabité et quelque peu démeublé, appartenait à Sir Joseph Weld, un riche gentilhomme catholique, dont le frère, cardinal de l'Église romaine, séjournait à Rome.

À peine venait-il de s'installer à Lullworth, le 23 août, que le roi se rendit compte qu'il ne pourrait y rester sans subir le harcèlement quotidien des créanciers, qui réclamaient le règlement d'anciennes dettes datant d'avant 1814. Il décida alors de se réfugier à Holyrood, aux portes d'Edimburgh, où les exilés pourraient bénéficier du privilège d'immunité attaché à cet ancien lieu de prière. Les princes y avaient déjà séjourné, pour la même raison, pendant l'émigration. Les bâtiments monastiques étaient en ruines, mais la maison des hôtes était assez vaste pour abriter la petite cour exilée. Charles X y arriva le 20 octobre 1830, après quatre jours de voyage maritime. Il devait y vivre un peu plus d'un an, objet du respect de la population, qui admirait le mélange de passivité et de résignation chrétienne avec lesquelles il supportait au quotidien les petites contingences matérielles de l'exil. Le dimanche seulement, il pouvait sortir de l'enclos de Holyrood pour se livrer à sa distraction favorite – la chasse – dans quelque propriété dont le maître l'avait invité. Le duc de Blacas, qui avait mis à la disposition des princes sa fortune personnelle – il est vrai qu'il la devait à Louis XVIII –, veillait à tout, et particulièrement à maintenir autour du vieux roi une étiquette rigoureuse. Pendant ce séjour en Écosse, le roi prit deux décisions répondant aux espérances de ceux qui rêvaient à un *retour de l'île d'Elbe* royaliste. Le 27 novembre 1831, il prit une ordonnance désignant la mère du duc de Bordeaux comme régente du royaume, au cas où l'enfant héritier monterait sur le trône en France. Puis il créa, le 28 décembre 1831, un conseil formé de trois personnes, le maréchal de Bourmont et les anciens ministres Capelle et d'Haussez. Parallèlement, des négociations avaient lieu avec la cour de Vienne, qui aboutirent à la fin d'août 1832 : l'empereur François offrait au roi exilé l'asile permanent dans ses États. Charles X s'embarqua pour l'Allemagne le 18 septembre 1832, parvint à Hambourg le 20, et de là se dirigea vers Prague, où il arriva le 25 octobre. Il devait y être gardé, dans le vaste château du Hradschin, par vingt grenadiers autrichiens. C'est là qu'il allait recevoir deux fois Chateaubriand, en juin et en septembre 1833. Au début d'octobre, il se rendit à Leoben avec ses petits enfants, pour leur permettre d'embrasser leur mère.

Le séjour à Prague connut un terme forcé. L'empereur François étant décédé en mars 1835, son fils et successeur Ferdinand devait être couronné roi de Bohême, et les cérémonies mobilisaient le château royal. Charles se rendit d'abord à Teplitz puis à Kirchberg, un château qu'avait acheté et aménagé Blacas. De là, par Linz et Salzbourg, le roi partit pour Gorica où il se proposait de passer l'hiver sous un climat plus doux. Il y arriva le 21 octobre et s'installa au château du Graffenberg, qui domine la ville. Le roi était alors en bonne santé. Mais au soir du 3 novembre, il ressentit des malaises accompagnés de symptômes auxquels les médecins reconnurent le choléra, qui sévissait dans les régions traversées par le vieillard. La fin survint le 6 novembre, à une heure du matin. Ses dernières paroles avaient été : « Il faut mettre cela au pied de la croix. »

Cet exil continue, aujourd'hui, l'oubli a-t-il une fin ?

Pour voir de nos jours la sépulture de Charles X il faut aller à Gorica, en Slovénie. Là, dans une crypte du couvent des Franciscains de la Catagnavizza, se trouve le sarcophage du roi, entouré de ceux de son fils et de sa belle-fille, et en face de celui du comte de Chambord encadré par sa sœur, la duchesse de Parme, et son épouse, née princesse de Modène. Tout Français, quelles que soient ses convictions politiques, doit déplorer cet exil et souhaiter que puisse, un jour, venir prendre place à Saint-Denis la dépouille du dernier roi légitime de France, l'héritier d'une dynastie qui a régné pendant plus de dix siècles sur notre pays.

LA VENGEANCE

La première Restauration n'occasionna-t-elle pas la naissance d'un climat délétère, où les règlements de comptes succédèrent aux procès sommaires ?

L'expression de « climat délétère » me parait assez mal choisie. Les causes du mécontentement sont assez clairement identifiables : déceptions des cadres du régime déchu, quoique les plus « gros » s'en soient assez bien tirés ; crainte des acquéreurs de biens nationaux, chômage, remontée des souvenirs des crimes de la Révolution, réapparition des émigrés, dont on ne saurait encore deviner les prétentions. Mais il faut souligner que la première Restauration n'a connu ni règlements de comptes ni procès sommaires. Le mot d'ordre est alors « Union et Oubli ». Il devait en être tout autrement après les Cent-Jours.

La seconde Restauration eut-elle vis à vis de ses critiques, de ses adversaires et de ses traîtres une attitude aussi complaisante que la précédente ?

Une réaction était inévitable ; le fait que Napoléon ait pu reprendre, avec une telle facilité le pouvoir trouvait en partie sa cause, comme je vous l'ai déjà souligné, par le maintien du personnel administratif et militaire de l'Empire sous la première Restauration. Pour les royalistes, les désertions ne pouvaient pas s'expliquer par un mécanisme structurel où la force de l'habitude conditionne l'individu : il s'agissait donc d'un complot, dont les responsables devaient être châtiés, si l'on voulait assurer la survie de la monarchie. D'où l'application d'un procédé d'épuration à toutes les branches du personnel de l'État. On se renseigna donc sur l'attitude de tous les fonctionnaires pendant les Cent-Jours, pour savoir notamment s'ils avaient prêté serment à l'Usurpateur. Les comités royaux de résistance, les sociétés secrètes devinrent des sociétés de délation. Les données statistiques étant faibles, on doit se contenter d'hypothèses quant à la sévérité de la répression. Tout dépendait des conditions locales et des prédispositions des préfets. On est porté à croire que l'épuration frappa entre 50 000 et 80 000 individus, soit le tiers ou le quart des fonctionnaires.

Le retour des Bourbons entraîna des oppositions et des intrigues. Quel rôle joua la Charbonnerie ?

La Charbonnerie, née de la révolution napolitaine de 1820, avait été introduite en France au printemps de 1821 par deux jeunes exilés. L'unité de base, la vente particulière, se composait de dix membres. Chaque vente particulière envoyait un député, qui fondait avec neuf de ses pairs une vente cantonale. Par un procédé similaire s'élaborait une pyramide de ventes départementales, fédérales, sectionnaires, représentées au sommet par la vente centrale de Paris. Les acteurs des différentes ventes s'ignoraient les uns les autres, le contact entre elles n'étant maintenu que par le biais de leurs délégués. Chaque membre s'engageait à garder le secret, à verser une cotisation annuelle d'un franc, à posséder un fusil et 25 cartouches toujours prêts, et à obéir aux ordres de la haute vente. Le programme libéral et républicain de la charbonnerie n'empêcha pas des bonapartistes d'y adhérer, au moins au début.

Les premiers membres étaient souvent des jeunes gens sans renommée, toutefois ils se lièrent avec les chefs de l'opposition libérale et ces derniers intégrèrent presque tous la haute vente : La Fayette, Voyer d'Argenson, Manuel, de Corcelles, députés de Paris, les avocats Barthe, Mauguin et Merilhou, le maire de Mulhouse Koechlin, le colonel Fabvier. L'association se développa rapidement en France ; un chiffre de 30 à 40 000 adhérents peut-être avancé ; socialement, elle se recrutait plutôt autour des éléments bourgeois et militaires que populaires.

Le succès initial des mouvements révolutionnaires en Espagne et en Italie invita les carbonari à renverser le régime par un coup de force. Des plans rocambolesques furent élaborés sans qu'aucune tentative, notamment dans l'Ouest et en Alsace, débouche jamais sur un succès.

Que dire du complot des sergents de Rochelle ?

Ces quatre jeunes gens, sergents au 45e régiment de ligne en garnison à Paris, avaient conspiré dans le cadre d'une vente militaire. Dénoncés par leurs camarades, leur arrestation permit d'obtenir des renseignements sur la conspiration et sur l'existence de la vente centrale. Transférés à Paris pour être jugés, ils se laissèrent persuader par leurs avocats, appartenant eux-mêmes à la vente centrale, de ne rien divulguer qui puisse compromettre la Charbonnerie : celle-ci saurait les venger et continuer leur œuvre. Ces « braves jeunes gens » se prêtèrent à merveille à ce rôle de lampistes et refusèrent la vie sauve que la justice royale leur proposait pourtant, moyennant leur collaboration à l'arrestation des vrais coupables, leurs chefs. Le jour de leur exécution, rien ne fut tenté pour les sauver, les « seigneurs de la Haute Vente » ayant trop intérêt à leur silence. « Ils mourront bien », avait dit Manuel avec satisfaction. On n'en fit pas moins, après leur mort, des héros de la liberté.

Tous ces événements ont accrédité la thèse d'une légende noire sous la Monarchie constitutionnelle. Répond-elle à une entreprise volontaire de désinformation ?

Le bilan de la Restauration présente évidemment des aspects négatifs à côté d'autres plus positifs. Les premiers historiens de la période tenaient généralement pour les régimes qui avaient renversé et remplacé les derniers Bourbons. Même de bonne foi, ils étaient donc naturellement portés à grossir ce qu'il y avait de critiquable sous la Restauration et ne s'en privèrent pas, de sorte que l'histoire enseignée n'en a montré, pendant plusieurs générations, qu'une image ternie, parfois même caricaturale. On ne mesure l'importance de l'œuvre de ces rois Bourbons que depuis une époque récente : c'est pourtant sous leur règne que la France apprit à vivre en régime parlementaire et fit l'expérience de l'État de droit.

La Terreur Blanche semble un concept désuet. Par quel autre terme pouvons-nous qualifier ces débordements ?

L'expression de Terreur Blanche est en effet totalement inadéquate pour couvrir les représailles sanglantes et désordonnées qui eurent lieu dans les provinces méridionales, mais aussi les procès réguliers qui frappèrent quelques militaires compromis dans le retour de Napoléon : La Bédoyère, Ney, Mouton-Duvernet, entre autres. Cette expression paraît avoir été mise en cours, on ne sait par qui, comme pour mettre en parallèle les excès de la Révolution avec ceux de la réaction royaliste. Et les renvoyer dos à dos en oubliant que d'un côté le nombre des victimes est de l'ordre de quelques centaines, peut-être, – en y comptant les protestants et fédérés du Midi, qui payaient pour leurs propres excès durant les Cent-Jours – alors que les victimes de la Terreur républicaine se comptent par dizaines, voire par centaines de milliers.

Il ne faudrait pas oublier encore que cette dernière fut voulue, organisée, conduite par le gouvernement responsable. Tandis que la prétendue *Terreur blanche*, dans ses rares excès sanglants, fut la manifestation spontanée d'un sentiment populaire, et que le gouvernement royal s'efforça de réprimer, notamment en envoyant sur place le duc d'Angoulême. Ce fut, comme vous l'avait dit Jean Tulard au cours de précédents entretiens, une *épuration-châtiment*.

Malgré la proclamation de la Charte, le 4 juin 1814, la question des biens nationaux continue à animer le débat politique. L'article 9 : « Toutes les propriétés sont inviolables, sans exception de celles qu'on appelle nationales. La loi ne fait aucune différence entre elles » n'empêchera pas les anciens propriétaires de réclamer leurs biens. Cette demande était-elle équitable ?

Elle l'était, du point de vue de ces anciens propriétaires, même si la loi en avait disposé autrement. Alors que le roi recouvrait son trône, ses plus fidèles serviteurs n'étaient-ils pas justifiés de trouver inadmissible le fait que des anciens révolutionnaires pouvaient se prélasser dans leurs domaines acquis à bas prix, en narguant les anciens propriétaires dépossédés par une loi fortuite.

Comment s'organisa la contestation ?

Il n'y eut pas de contestation organisée. La volonté du roi était trop clairement explicite ; et dès avant son retour en France. Lors de la prise de pouvoir du duc d'Angoulême à Bordeaux, en mars 1814, ce prince l'avait indiqué dans une proclamation où était affirmée l'intangibilité des biens nationaux acquis par des particuliers ; et à ceux des fidèles qui protestaient il avait pu montrer le texte même écrit de la main du Roi, à Hartwell.

Quelles autres solutions auraient pu être envisagées ?

On aurait pu – solution radicale – annuler toutes les spoliations révolutionnaires : de cette façon, les biens retourneraient à leurs anciens propriétaires, quitte à dédommager d'une manière où d'une autre les acquéreurs honnêtes. Mais cette solution était devenue inapplicable après la déclaration qu'avait faite Louis XVIII à son retour, et qui fut par la suite imprimée dans la Charte.

On pouvait aussi, tout simplement, choisir l'oubli et la neutralité. Il est probable qu'après un afflux de réclamations plus ou moins fondées, se seraient engagées de nombreuses tractations. Des acquéreurs de biens nationaux auraient sans doute été tentés de légitimer leurs titres de propriété en dédommageant les anciens possesseurs ; d'autres auraient restitué leurs biens aux propriétaires originels, en s'en faisant rembourser le prix d'achat avec un certain bénéfice, ou même en se contentant des revenus dont ils avaient joui pendant les années de quiétude. Les consciences s'en seraient trouvées rassérénées, les conflits et les ressentiments désarmés.

Du point de vue de l'intérêt national, aucune de ces solutions n'était satisfaisante. Pourtant, si Louis XVIII avait dû céder à la nécessité pour faire établir ses droits en 1814, il regrettait d'avoir, ce faisant, paru sacrifier ceux de ses plus fidèles partisans. Et que devenait la légitimité, que devenait la morale chrétienne et naturelle, si l'on ne faisait aucun cas du droit de propriété ? L'injustice des spoliations révolutionnaires avait été reconnue dès 1814, puisqu'on avait décidé de restituer à leurs légitimes propriétaires les biens nationaux dont la liquidation restait en instance. Pouvait-on abandonner à leur triste sort d'autres propriétaires, aussi légitimes et aussi abusivement lésés, mais encore plus malchanceux ? À ces considérations morales s'en ajoutaient de plus pratiques. Le sentiment d'injustice qui habitait les anciens possesseurs, dont les critiques amères trouvaient en outre l'oreille du clergé, rendait les négociations fastidieuses et passionnées. D'autre part, tant que la situation restait incertaine, les nouveaux propriétaires, inquiets, ne pouvaient se rallier au régime sans arrière-pensées. En proposant une réparation aux anciens possesseurs, on viserait à supprimer les revendications, à rassurer les acquéreurs de biens nationaux, et à priver les ennemis de la monarchie d'un thème de propagande dangereux.

La résolution de cet épineux problème exigeait de gros moyens. Une issue favorable pouvait-elle être envisagée sans porter atteinte aux finances publiques ?

Non seulement pouvait-elle être trouvée, mais elle le fut en fait, par Villèle, dernier président du conseil de Louis XVIII et ministre des finances ; sa gestion avisée, aidée par le retour de la prospérité, avait permis de libérer de substantiels excédents aux comptes de l'État, et avait eu pour effet de tirer le taux des titres de la rente de 5 % jusqu'au dessus de leur valeur nominale de 100 F. Ce qui revenait à constater que des capitalistes ou rentiers étaient disposés à donner plus de 100 F pour un revenu de 5 F. C'était la condition rêvée pour une opération de conversion des rentes. Aux rentiers on offrirait l'alternative suivante : ou bien ils consentiraient le remboursement de leurs titres de rente au cours nominal de 100 F et ils ne pourraient se déclarer lésés, puisqu'ils les avaient souvent achetés à des coûts inférieurs ; ou bien, s'ils tenaient à garder leur position de créanciers de l'État, on leur garantirait en échange des titres récents correspondant à un revenu de 3 % – le loyer de l'argent que constituait alors à la Bourse le jeu de l'offre et de la demande. Comme ces titres leur seraient affectés sur la base de 75 F par titre de 100 F, leur revenu réel serait porté à 4 %. Étant donné la masse des titres de rente alors en circulation, l'économie budgétaire ainsi réalisée sur le service de la dette publique devait se chiffrer à 30 millions annuels. Cette somme répondait à un capital d'un milliard, la somme estimée indispensable pour indemniser les anciens propriétaires des biens nationaux.

Cette solution, souvent présentée comme l'expression de la revanche des anciens privilégiés, doit bien plutôt être qualifiée, ainsi que l'a écrit l'éminent historien Leroy-Ladurie, « comme un chef d'œuvre d'intelligence et de retenue ». Au bout du compte, en effet, l'indemnité aux émigrés devait coûter à la France 25 995 000 F de rentes, représentant un capital nominal de 885 510 000 F En fait, moins encore ; car le cours moyen de ce nouveau titre de rente à 3 % devait s'établir bien en dessous de la parité (3 % de 100 F). Ce qui revient à un capital réel de 650 millions. On est donc assez loin de compte du fameux « milliard des émigrés ».

La caisse de résonance faite autour du milliard pour les émigrés est-elle synonyme de préjugé historique ?

Elle illustre de façon frappante, en effet, les erreurs couramment répandues par notre enseignement historique traditionnel. Il devrait suffire d'en examiner objectivement les données pour en saisir l'inanité. C'est ce que l'on a fait ci-dessus.

Le tragique assassinat du duc de Berry, héritier du trône, fut-il le fruit d'un complot révolutionnaire ?

Le duc de Berry n'était héritier du trône qu'en troisième ligne, c'est-à-dire après son père, le comte d'Artois, frère de Louis XVIII, et après son frère, le duc d'Angoulême. Mais l'union de celui-ci avec sa cousine, fille de Louis XVI, était restée stérile, ce qui laissait à la virilité bien assurée du duc de Berry l'unique espoir d'engendrer un héritier à la dynastie. C'était ce mobile qui avait armé le bras de l'assassin, Louis-Pierre Louvel. Malgré la réalisation de sérieuses investigations, il n'y a aucune preuve d'un complot. On peut seulement dire que l'agitation révolutionnaire, entretenue par la politique libérale de Decazes avait pu participer à faire surgir l'envie de l'attentat dans le cerveau de Louvel. Comme le dit alors Nodier : « J'ai vu le poignard de Louvel, c'était une idée libérale. »

Ce crime ne peut donc pas être considérer comme un acte de résistance à la politique répressive d'un État coercitif ?

Non. Aucune politique de répression ne vient justifier, même partiellement, l'assassinat du duc de Berry. C'est au contraire à partir de cet événement tragique que le régime donne un tour plus réactionnaire à sa politique.

Quelles furent les conséquences de ce meurtre sur les libertés publiques ?

Le gouvernement de Richelieu, qui succédait à Decazes, procéda aux votes de deux lois d'exception, applicables en principe jusqu'à la fin de la session parlementaire en 1821. La loi de sûreté générale offrait au gouvernement de faire arrêter et détenir pendant trois mois tout individu prévenu de complot contre le roi ou l'intégrité de l'État. D'après la loi sur la presse tous les périodiques seraient assujettis à une autorisation préalable ; les articles de politique générale seraient visés par une censure qu'exercerait à Paris une commission de douze personnes, et de trois dans chaque département. En cas de manquement à la loi et de poursuite devant les tribunaux, le gouvernement pourrait suspendre immédiatement le journal.

La mise en œuvre de cette loi devait fragiliser les organes de presse qui s'étaient multipliés au cours des années antérieures. Certains disparaîtront, et pas seulement ceux d'opinion libérale, mais aussi une publication ultra, *Le Conservateur*, à laquelle Chateaubriand avait donné tout l'écho nécessaire.

LA CANDEUR

L'arrivée aux affaires de Decazes n'est-elle pas due à l'ingénuité de Louis XVIII ?

Peut-on parler d'ingénuité de Louis XVIII ? En bien des occasions il a fait preuve d'un jugement et d'un sang-froid supérieurs. Ce qui apparaît dans ses relations avec Decazes, c'est le besoin qu'il a toujours eu d'un confident très proche ; en exil, ce fut d'abord le marquis d'Avaray, puis le comte de Blacas. Avec Decazes intervint en plus un substitut artificiel de ce sentiment de paternité dont la nature avait privé le roi.

Quels furent les jalons de sa formation politique ?

Attaché à la maison de Mme Laetitia, mère de l'empereur, ancien conseiller à la cour impériale de Paris, Decazes avait, lors des Cent-Jours, repoussé le serment à Napoléon. À la seconde Restauration, Fouché le nomma, sur proposition du baron Louis, préfet de police pour Paris. Pour gagner la faveur du souverain, Decazes se composa le personnage de jeune homme naïf et dévoué, soucieux d'apprendre l'art du politique à l'école du plus expérimenté des princes. Le stratagème réussit si bien que Louis XVIII l'éleva bientôt au rang de disciple, de fils spirituel, s'attachant à lui avec une affection sénile. Cette faveur incroyable devait faire de Decazes, pendant quatre ans, la charnière de toutes les manœuvres politiques. Ainsi remplaça-t-il Fouché au ministère de la police. Détesté par la droite ultraroyaliste qui le rendait responsable de toutes les concessions envers l'opposition libérale, Decazes convainquit Louis XVIII de dissoudre le 5 septembre 1816 la chambre introuvable.

Après la démission de Richelieu, Decazes, contrôlant toujours les ministères de l'intérieur et de la Police, tenta de se concilier les éléments de l'opposition les mieux disposés à l'égard de la monarchie, mais cette politique servit en réalité les intérêts du parti « indépendant », radicalement opposé au régime. Il envisagea alors un rapprochement avec la tendance la plus modérée de la droite, ce qui le contraignit à accepter la présidence du gouvernement et à engager d'interminables négociations avec les tenants de ce courant. Sur ces entrefaites le duc de Berry fut assassiné, et Louis XVIII dut se séparer de son « cher fils ». Nommé duc et pair, Decazes ne devait cependant plus accéder au pouvoir, ni même conserver l'ambassade à Londres que Louis XVIII lui avait offerte en consolation.

Quel sens pouvons-nous donner au ministère du favori ?

L'histoire classique lui fait généralement honneur d'avoir tenté une réconciliation, d'avoir tenté, selon son expression, de « nationaliser la royauté et de royaliser la nation ». On pourrait aussi l'interpréter comme l'expression d'une ambition personnelle. Sans doute les deux mobiles – intérêt personnel et intérêt général – furent-ils toujours présents dans les combinaisons de l'homme politique.

*La situation des armées napoléoniennes entraîna le
gouvernement de Louis XVIII à revoir l'organisation
militaire. Quel fut son projet ?*

Le maréchal Clarke, duc de Feltre, ministre de la
Guerre dans le gouvernement du duc de Richelieu,
présida à l'épuration qui frappa les officiers qui
s'étaient officiellement déclarés en faveur de Napoléon
en mars 1815. Il fut remplacé, en septembre 1818, par le
maréchal Gouvion Saint-Cyr. Celui-ci s'efforça d'appliquer dans l'armée la politique de rapprochement avec
la gauche tentée par Decazes : des officiers proches
des ultra royalistes furent écartés tandis qu'étaient rap-
pelés des généraux qui avaient suivi Napoléon aux
Cent-Jours. Les règles d'avancement qui tenaient à
l'ancienneté tendaient à réduire la part de la faveur
royale dans les nominations. Quant à l'institution de
compagnies de vétérans, elle trouvait son inspiration
dans l'ancienne armée napoléonienne. Ces mesures
avaient suscité l'inquiétude de Metternich et des membres de l'Alliance. Lorsque Decazes décida de changer
sa politique, à l'automne de 1819, Gouvion Saint-Cyr
dut quitter le ministère.

*Quelle était la disposition d'esprit des militaires à
l'égard de la monarchie restaurée ?*

La très grande majorité de ceux qui avaient servi pendant les Cent-Jours restaient sensible au souvenir bonapartiste. Mais ils avaient été rendus à la vie civile. Quant
à la nouvelle armée créée sous Gouvion Saint-Cyr
– 86 légions, 150 000 hommes – il fut difficile d'abord
de connaître son état d'esprit. Seuls les régiments de la
Garde royale, recrutés par volontariat accordaient leur
soutien par principe à la monarchie. Les choses
devaient se clarifier avec la campagne d'Espagne en
1823. Comme l'avait espéré Chateaubriand, le succès

des opérations souda les hommes de troupe à leurs cadres. Le sentiment de l'honneur partagé contribua à les gagner à la monarchie.

Et la garde nationale ?

La garde nationale se recrutait parmi les propriétaires aisés, qui s'armaient pour défendre leurs biens. Issue de la révolution, elle avait traversé les vicissitudes des régimes successifs. Napoléon l'avait utilisée comme une réserve de troupes. Lors des événements de mars 1814, elle avait joué un rôle très important, sinon décisif, maintenant l'ordre dans la rue et veillant au bon déroulement des opérations, aussi bien lors de l'entrée pacifique des troupes étrangères à Paris qu'à l'occasion de la réception solennelle du frère du roi, Monsieur, qui avait revêtu pour l'occasion l'uniforme d'officier de la garde.

Dans les premiers temps de la Restauration, on s'employa à faire de la garde nationale, le cadre du parti ultra royaliste à travers tout le pays. Monsieur, qui s'était fait nommer colonel-général de la garde, était épaulé par un état-major de partisans qui désignait les officiers des gardes nationales des villes de province. Le gouvernement de Decazes ne pouvait accepter longtemps cette force d'opposition. Une ordonnance du 30 septembre 1818, attesta que les gardes nationales étaient sous l'autorité entière des administrateurs locaux, préfets et maires. Les grades supérieurs étant conférés ou reconnus par le roi seulement.

La réorganisation de l'armée laissa la garde nationale dans un état d'engourdissement. Le service n'était plus la voie des honneurs mais une charge coûteuse, à laquelle on essayait de s'échapper. L'opposition y gagnait du terrain ; le parti libéral célébrait tel un héros le sergent Mercier qui, étant de service à la chambre des députés, le 4 mars 1823, avait refusé d'exclure le député Manuel que la majorité venait de voter. Après 1824, Villèle songeait à mettre un terme à la garde. Mais elle trouva un défenseur en la personne du maréchal Oudinot qui était devenu son responsable lorsque Charles X ayant gardé le titre – était devenu roi. Avide de justifier son commandement en faisant valoir «la milice», Oudinot suggéra au roi de reprendre la coutume d'une revue générale au Champ de Mars; elle eut lieu le dimanche 29 avril 1827, Charles X y entendit quelques cris contre le ministère, mais dans l'ensemble l'accueil avait été honnête. Toutefois, lors de la dislocation, la 3ᵉ légion, se dirigea par la rue de Rivoli vers le ministère des Finances; Villèle s'entendit hautement hué. Au roi, il présenta l'acte comme une insulte au Trône et fit aussitôt rédiger une ordonnance qui annonçait la dissolution de la garde nationale de Paris; par une singulière curiosité les fusils lui étaient laissés; environ vingt mille armes étaient ainsi dans la nature, sans contrôle. Lors des journées de juillet 1830, elles ne seront pas perdues pour tout le monde.

La volonté politique de l'État royal occasionna un désir de réformes, qu'advint-il de l'administration impériale?

Si le désir a pu exister, si certains royalistes ont pu souhaiter le retour aux institutions d'Ancien Régime, en fait rien ne changea et l'on a pu dire que Louis XVIII s'était couché dans le lit de Napoléon. C'était une question de pragmatisme. Lors de son premier retour en 1814, le roi avait tenu à ne pas porter atteinte aux situations acquises, et donc au personnel en place. En 1815, après les Cent-Jours, la préoccupation fut mettre hors d'état de nuire les personnes suspectes, mais on ne modifia pas les institutions elles-mêmes. L'administration napoléonienne, rudement centralisée s'était révélée comme un instrument bien commode de gouvernement. Seules devaient être modifiées – et plusieurs fois – les lois électorales.

Les actions menées par votre aïeul Ferdinand de Bertier dans les préfectures de Caen et de Grenoble participaient à cette recomposition administrative.

Dans le Calvados, Ferdinand de Bertier eut d'abord à changer une grande partie du personnel de son administration. Cette épuration toucha près d'un millier de personnes, et devait laisser des souvenirs peu flatteurs, qui voilent les efforts ingénieux pour développer l'économie locale. Dans l'Isère, l'activité du préfet se trouva dominée par la crise alimentaire de 1816-1817 ; et les efforts de l'administrateur furent principalement dirigés vers l'obtention de crédits nécessaires à l'achat de farines et à la mise au travail des indigents. Dans l'un et l'autre de ces départements l'efficacité du préfet se trouva sérieusement entravée par son opposition à la politique du ministre de la police Decazes.

Il exerça aussi ses talents d'organisateur à la direction des Eaux et Forêts. Quels résultats obtint-il ?

Bertier avait été nommé à ce poste le 15 octobre 1829 et il devait le quitter aussitôt après la Révolution de juillet 1830. Les quelques mois passés à la tête de cette importante administration ne permettent que de voir l'orientation donnée, conforme au nouveau code forestier établi en 1827 ; à la discussion de ce code, Bertier, comme député et rapporteur, avait lui-même collaboré. On avait alors décidé de se refuser la tentation d'augmenter la valeur immédiate des produits, au lieu de quoi on chercherait à préparer l'avenir, à créer notamment des ressources pour la marine et les activités de construction. À quoi répondait un vaste plan de reboisement portant principalement sur les départements de Provence, des Basses-Alpes, du Var et du Vaucluse. Le nouveau directeur trouva aussi le moyen de rentabiliser le doit de chasse, accordé dans les forêts royales au gré du Grand-Veneur.

Le zèle des serviteurs de l'État eut-il une action bienfaisante sur l'activité économique et sociale ?

Toutes les études consacrées à tel ou tel préfet comportent un chapitre consacré aux réalisations économiques, souvent très positif. Mais il s'agit ici du rôle supérieur de l'État. Si l'on entreprend la comparaison entre la vie économique de la Restauration et la vitalité contemporaine, elle apparaîtra rétrécie, immobile ; mais les contemporains, eux, qui avaient connu successivement les interdictions de l'Ancien Régime, la pagaille révolutionnaire, les destructions dues à la guerre et aux invasions, pouvaient considérer avec justesse qu'ils n'avaient jamais bénéficié de conditions plus propices. Sous les Bourbons, la France avait retrouvé la quiétude dont elle avait besoin pour se reposer de ses longues fatigues, ordonner ses relations avec les autres nations, qui avaient subi les effets de l'impitoyable blocus napoléonien, pour dégager et fortifier enfin les éléments d'un nouvel équilibre. Les résultats ne furent pas négligeables : en 1830, la nation française passait pour la plus riche et la plus dynamique du monde occidental après l'Angleterre.

Quelles actions auraient pu être entreprises par le gouvernement ?

Sans doute n'était-il pas en mesure de faire tomber les barrières douanières sans provoquer la chute de certaines catégories de producteurs, mais il aurait pu élargir un peu l'étau de la prohibition qui empêchait l'importation de certains produits étrangers, de Grande-Bretagne surtout, et provoquait par ricochet une baisse de nos exportations, du vin notamment. On aurait pu affecter une plus grande partie des revenus de l'État à améliorer les transports, à favoriser les découvertes et leurs applications dans l'agriculture et l'industrie. À considérer le seul secteur qui ait enregistré un net progrès, celui de l'amélioration des routes, on devine ce qu'il aurait été possible de réaliser : alors qu'en 1811, 36 % des voies seulement se trouvaient *à l'état d'entretien* (autrement dit en bon état), cette proportion s'élevait en 1830 à 52 %. Pour parvenir à ce résultat, le budget des Ponts-et-Chaussées représenta jusqu'à 4 % des dépenses totales de la nation.

Paralysé par l'étroitesse de vue des privilégiés du corps électoral, plus encore que par les théories du libéralisme triomphant, conditionné peut-être par le souvenir des désordres financiers qui avaient enclenché la grande Révolution, le gouvernement s'hypnotisa sur l'exigence de procéder à des économies, de n'augmenter ni les impôts, ni la dette publique. La parcimonie du baron Louis et de Villèle eut un résultat identique à la prodigalité de Calonne et de Necker : par souci du présent, ils sacrifièrent l'avenir. Considérée sous cet aspect, la politique financière de ces ministres, dont on a dit tant de bien, n'apparaît finalement pas si heureuse.

Revenons à Decazes, les résultats obtenus étaient-ils à la hauteur ses ambitions ?

Si l'on se fonde sur le résultat des élections qui se déroulèrent de 1816 à 1818, ces résultats apparaissent plutôt décevants : le renforcement continu du parti *indépendant* hostile au régime lui-même.

*Servie par une forme d'innocence royale l'action du
jeune ministre revêt pourtant un type de machiavé-
lisme. Qu'en pensez-vous ?*

Je ne saurais exclure ni un sentiment sincère d'attachement du favori à la personne du monarque, ni son
désir louable de favoriser une conciliation des Français,
dans l'acceptation du régime. Mais s'il y a dans toute
circonstance un élément indiscutablement présent,
c'est bien l'ambition personnelle du parvenu. Lorsqu'il
s'est rendu compte de l'échec de sa politique, il aurait
dû passer le témoin à un autre politique, comme
l'aurait fait un Richelieu, même au risque de heurter le
cœur du vieux roi et de perdre les faveurs qui lui
étaient ainsi consenties.

Comment sa politique fut-elle perçue par les Alliés ?

Les Alliés avaient approuvé l'ordonnance du 5 septembre 1816 et jugeaient alors les ultraroyalistes aussi
nocifs pour l'équilibre de la France que l'étaient les libéraux. Néanmoins devant les signes de troubles nationalistes et libéraux en Allemagne, en Italie, en Pologne, ils
finirent par s'inquiéter des progrès de l'opinion libérale
en France. En 1818, l'opinion de Metternich était faite.
Il écrit le 20 mars 1820 : «Tout homme placé à la tête
des affaires en France, qui croira pouvoir arriver à son
but par le régime des concessions, se perdra toujours
et, avec lui, dans les moments de crise, la chose
publique... Soyez sûr que les hommes véritablement
constitutionnels en France se trouvent aujourd'hui
parmi les royalistes éclairés.» Cette opinion affirmée du
chancelier autrichien recevait l'aval du tsar Alexandre,
qui avait, au début, suivi les tendances libérales de son
ministre Capo d'Istria. Decazes, dans sa tentative de
réunion avec la droite, en février 1820, pouvait donc se
prévaloir de l'appui moral de l'Alliance européenne.

À quel motif la chute de Decazes répondit-elle ?

À tous ceux qui souhaitaient un changement de politique, on pourrait ajouter la famille royale qui voulait libérer le roi de l'emprise d'un favori indigne de lui.

Avec Charles X l'innocence ne prit-elle pas un caractère religieux, voire mystique ?

Lorsqu'on parle de l'innocence de Charles X, ne veut-on pas lui reprocher une certaine naïveté en politique ? Croyant sincère, il a pu trouver le courage d'affronter les adversaires du trône dans la conviction que la Providence l'avait choisi pour assurer, avec la stabilité du pouvoir, le bonheur des Français.

Appelée à la Présidence du Conseil par le roi, la prudence comptable de Villèle semblait manquer d'imagination. Quels critères ont défini ce choix ?

Lorsqu'il fut nommé chef du gouvernement, en octobre 1822, Villèle n'avait pas encore affirmé toute sa dimension de gardien des finances publiques. Sans doute était-il reconnu au sein de son parti comme le spécialiste de ce domaine difficile et rébarbatif, comme un orateur talentueux que l'expression avait rendu digne de la plupart des sujets, comme l'homme, enfin, que la plupart des royalistes honoraient de leur confiance dans les circonstances difficiles. Lorsque s'était formé le premier ministère de la droite, après la démission de Richelieu, en décembre 1821, le poste de président du conseil avait été laissé sans titulaire ; et normalement il eut dû revenir au ministre des Affaires étrangères, le vicomte Mathieu de Montmorency. Il existait entre Villèle et lui une divergence de vues sur la façon d'aborder la question d'Espagne, qui devait faire l'objet principal de la réunion des souverains de l'Alliance à Vérone.

Pour Montmorency, soutenu semble-t-il par la majorité de la droite, la sécurité de la monarchie française demandait qu'elle prit elle-même l'initiative de redonner à l'Espagne l'ordre légitime, au besoin par une action militaire, en s'assurant du consentement et du soutien moral des Alliés. Pour Villèle, au contraire, il fallait éviter une entreprise militaire d'envergure et les raisons pour cela étaient nombreuses : les récentes déconvenues carbonaristes rendaient discutable la fidélité de l'armée. On se souvenait que la révolte espagnole avait précisément commencé au cœur des troupes rassemblées à Cadix pour aller mater l'insurrection des colonies d'Amérique. La fortune réservée aux armées de Napoléon en Espagne nourrissait les inquiétudes. On pouvait estimer aussi que l'adversaire espagnol reçût le soutien de l'Angleterre. Wellington, de passage à Paris pour s'acheminer au congrès de Vérone, avait fait savoir que son pays s'opposerait à une intervention française. Enfin, Villèle redoutait, en tant ministre des finances, que le coût d'une telle aventure compromette le bel équilibre de son budget.

Pour toutes ces raisons, il paraissait nécessaire de garder un œil sur les manœuvres de Montmorency au congrès de Vérone. C'est pourquoi, Villèle, ayant su convaincre le Roi et son frère, Monsieur, se fit remettre le titre et l'autorité de président du conseil. Plus tard, il devait se réserver un crédit auprès du successeur de Louis XVIII, et le garder envers et contre tout, pendant des années.

Nous venons d'évoquer l'action de Mathieu de Montmorency. Quel fut son itinéraire politique ?

Mathieu-Jean-Félicité de Laval, vicomte, puis duc de Montmorency, était né en 1760. Il avait fait ses premières armes dans la guerre d'Indépendance américaine. Comme La Fayette et bien d'autres, il y avait trouvé l'enthousiasme pour les institutions républicaines. À l'Assemblée nationale, il fut élu député de la noblesse du bailliage de Montfort l'Amaury ; il défendit des mesures les plus progressistes, comme l'abolition de tous les privilèges et la suppression de la noblesse. Après la clôture de la session de 1791, il se fit attacher à l'état-major du général Luckner. Peu après, il quitta la France et se réfugia auprès de Mme de Staël à Coppet. La mort tragique de son frère, l'abbé de Laval, guillotiné en juin 1794, acheva la rupture avec les idées révolutionnaire pour le ramener à la religion. Rentré en France sous le consulat, Mathieu de Montmorency n'accepta aucune fonction officielle, se consacrant aux œuvres de piété. Ainsi il rejoignit la Congrégation, dont il devait être préfet en 1818. En même temps il eut connaissance de la société secrète royaliste des Chevaliers de la Foi, et accepta d'en devenir le Grand-Maitre. En cette qualité, il participa activement aux conspirations contre le régime impérial. Louis XVIII l'éleva au rang de pair de France ; à la chambre haute il fut l'un des dirigeants de la droite. Lorsque celle-ci accéda au pouvoir, à la fin de 1821, Montmorency devint ministre des Affaires étrangères. Son différent avec Villèle, sur la question d'Espagne, le poussa à la démission. Nommé gouverneur du duc de Bordeaux peu après l'avènement de Charles X, il mourut subitement le 25 mars 1826, tandis qu'il adorait le Saint-Sacrement en l'église Saint-Thomas d'Aquin.

Soutenu par des convictions religieuses profondes, Charles X renoua, par le Sacre, avec les antiques institutions. À quelles autres nécessités le sacre répondit-il ?

Charles X n'avait pas d'autre ambition, en allant à Reims, que de renouer avec l'origine sacrée du pouvoir royal, c'est-à-dire le droit divin, et cette démarche répondait à l'attente de nombreux royalistes, aux yeux desquels la légitimité restait liée à l'onction du saint chrême. Louis XVIII lui-même aurait voulu se faire sacrer et l'avait dit au début de la session de 1819, mais ses infirmités multiples l'avaient obligé à y renoncer, à regret.

De quelles manières la cérémonie fut-elle pensée ?

Rien n'avait été épargné pour donner aux cérémonies la plus grande splendeur. Tout en prenant soin d'écarter ce qui aurait pu donner des craintes à certaines catégories de Français. On avait supprimé dans le texte du serment royal la phrase par laquelle le souverain s'engageait « à extirper et à exterminer l'hérésie ». À la fin du serment, le roi jurait fidélité à la Charte constitutionnelle. Enfin, hommage était rendu aux maréchaux d'Empire, dont les représentants étaient associés à la cérémonie : Moncey, Soult, Mortier et Jourdan, portant respectivement l'épée, le sceptre, la main de justice et la couronne.

Au toucher des écrouelles, avons-nous enregistré des miracles ?

Traditionnellement, le lendemain du sacre, le roi allait à l'hôpital de Reims procéder au toucher des malades scrofuleux, en disant à chacun : « Le roi te touche, Dieu te guérisse. » Charles X s'acquitta de ce devoir traditionnel, mais l'histoire locale n'a aucune mention d'une quelconque guérison miraculeuse.

La question des Congrégations, la loi sur les sacri-
lèges, les manifestation religieuses, alimentent un cer-
tain anticléricalisme. Quelle fut son expression ?

La Révolution avait procédé à la suppression de tous
les liens religieux en France. Napoléon avait consenti
une tolérance et même favorisé les congrégations
féminines, celles, du moins dont l'utilité allait de pair
avec le soin des malades et l'instruction des filles. Les
congrégations d'hommes restaient interdites, à part
trois sociétés missionnaires, et deux considérées comme
pratiques pour des catégories de Français dont l'éducation échappait à l'Université : les Sulpiciens, forma-
teurs du clergé et les Frères de l'éducation chrétienne
chargés de l'instruction élémentaire du peuple. Le programme de restauration religieuse de la monarchie
inclinait vers un régime prospère aux congrégations.
S'y opposait la tradition gallicane et parlementaire
conjuguée aux préjugés de l'esprit philosophique. En
1824, le gouvernement de Charles X proposa un projet
de loi qui lui aurait donné le droit d'autoriser par
simple ordonnance de nouvelles congrégations. Mais
la chambre des pairs le repoussa. Alors, on facilita le
développement des congrégation féminines qui soulevaient moins d'inquiétudes. Une loi du 24 mai 1825
accorda au gouvernement la possibilité d'autoriser
d'autres institutions féminines par simple décision
administrative. Sous ce régime bienveillant les fondations augmentèrent avec une rapidité certaine. Mais il
n'apparaît pas que le fait ait suscité quelque danger
chez les anticléricaux.

Il en fut autrement pour les congrégations masculines.
Elles fonctionnaient en marge de la loi, avec la simple
tolérance des autorités. Dans la plupart des cas, les
membres de ces sociétés religieuses se présentaient
comme de simples prêtres diocésains. Maristes du

P. Colin, Oblats de Marie du P. de Mazenod, Pères du Sacré-Cœur du P. Coindre, Marianistes du P. Chaminade. Les Chartreux pouvaient rentrer à la Grande-Chartreuse, et les Trappistes à la Grande-Trappe. Mais ils ne faisaient guère parler d'eux.

En revanche, les Jésuites soulevaient une polémique disproportionnée avec la réalité de leur nombre. Alors qu'ils se chiffraient à un peu plus de quatre cents, et qu'ils ne dirigeaient que sept petits séminaires (en fait des collèges), on prétendait que toute l'éducation de la jeunesse leur était offerte, et on leur donnait une influence capitale dans toutes les activités de l'Église de France.

On leur imputa notamment l'inspiration de la loi contre les sacrilèges, présentée et votée dans la session de 1825. Pour ses défenseurs, l'État devait protéger, avec solennité, la religion qui était le fondement de l'ordre social et politique. Pour ses opposants – parmi lesquels Chateaubriand et Royer-Collard – c'était intégrer un dogme religieux dans la législation civile qui déboucherait sur un système théocratique. Par ailleurs, l'ampleur donnée aux manifestations religieuses occasionnées par les missions nourrit aussi le sentiment d'une autorité excessive du clergé sur la société. Il en sera question ci-après.

Les incroyants, qui composaient une bonne partie de la nation pouvaient juger ces efforts comme un abus de pouvoir, un outrage à la liberté de pensée écrite dans la Constitution. À partir de 1825, surtout, la polémique anticléricale s'amplifia, favorisant toutes les tractations pour faire l'opinion : caricatures, chansons, poèmes satiriques, pamphlets, pièces de théâtre, journaux, propos de café, manifestations publiques. *Le Tartuffe* de Molière, est repris partout ; lors des missions, des interventions d'étudiants viennent provoquer des émeutes aux portes des églises ou autres désordres. Toutes ces manifestations orientées en principe contre le clergé visaient à affaiblir l'autorité royale qu'il était trop difficile ou trop dangereux d'attaquer de front.

Dans la crise de 1830, le mélange du sentiment anti-religieux avec l'attitude de Charles X empreinte de naïveté, n'aboutira-t-il pas au renversement du dernier Bourbon ?

La question sur laquelle se focalisa le mouvement populaire de protestation fut l'atteinte à la Charte que parut consommer le coup d'État des ordonnances édictées par Charles X, le 25 juillet. La puissante vague d'anticléricalisme qui a caractérisé l'opinion dans les dernières années de la Restauration n'est intervenu qu'indirectement dans l'insurrection parisienne de juillet 1830, en organisant, en accentuant, l'hostilité au régime. Quant à la «naïveté» de Charles X, elle serait dans le fait qu'il a cru sincèrement qu'il ne contrevenait pas à la Charte et peut-être aussi dans la conviction qu'ayant été choisi par Dieu pour porter la couronne, la Providence ne pouvait manquer de soutenir ses efforts. Peut-être enfin dans l'importance exagérée qu'il a pu donner aux manifestations populaires de loyalisme qu'il avait pu constater lors de ses récents voyages en province.

LA FOI

Aux antipodes du despotisme éclairé professé par l'école rationaliste du xvIIIᵉ siècle, la monarchie restaurée affirme l'alliance du Trône et de l'Autel. À quoi pouvons-nous attribuer ce renouveau religieux dans les institutions ?

Le renouveau religieux dans les institutions de la Monarchie restaurée n'est que l'expression d'une renaissance alors perceptible dans la société elle-même. La mémoire collective associait le souvenir des sanglants malheurs de la période révolutionnaire et la persécution contre le christianisme qui s'était déchaînée à la même époque. Effacer ce souvenir et prévenir tout retour de ces horreurs demandaient que l'on favorisât la religion comme l'avait réalisé du reste Bonaparte sous le Consulat. Mais l'évolution de l'Empire vers la dictature, l'influence excessive d'un élément militaire brutalement incroyant, la persécution dont fut l'objet le pape Pie VII, devaient établir la chute de l'Empire comme une chance de retour à une religion plus aisément admise et mieux intégrée dans l'État.

Beaucoup s'attendaient donc, après la chute de Napoléon, à ce que le retour des Bourbons facilitât une meilleure intégration de la religion dans la société et dans l'État. Cette attente devait être satisfaite. Alors que le Concordat de 1801 ne reconnaissait le catholicisme que comme «la religion de la majorité des Français», la Charte constitutionnelle, après avoir posé en principe la liberté religieuse, précisait dans l'article 6, voulu par Louis XVIII : «Cependant la religion catholique, apostolique et romaine est la religion de l'État», ce qui lui conférait un statut privilégié.

Le renouveau religieux a prospéré plus spécifiquement dans la société aristocratique, dite, à Paris, du faubourg Saint-Germain, une catégorie sociale qui devait tenir avec la Restauration un rôle idéal pour l'ensemble des Français : c'était dans cette classe qu'avait été plus vivement ressenti le lien entre déchristianisation et atrocités révolutionnaires. Or elle se renforçait, en 1814, du retour des émigrés que leurs épreuves avaient ramenés à la Foi. Enfin, il faut faire la part du mouvement romantique dont une composante est ce *Génie du christianisme*, célébré par Chateaubriand dès 1802.

Par quels actes politiques se manifesta le caractère religieux de la Restauration ?

Dès la première Restauration, plusieurs actes du gouvernement confirmèrent la prééminence de l'Église catholique. La direction des affaires ecclésiastiques fut retirée au ministère de l'Intérieur et confiée à une commission ecclésiastique de neuf membres, tandis que l'ancien évêque de Saint-Malo, Mgr Cortois de Pressigny, était dépêché à Rome pour y préparer l'abrogation du Concordat de 1801. En attendant, on augmentait les traitements du clergé, on rendait la liberté aux congrégations, on affranchissait les écoles ecclésiastiques du contrôle de l'Université. Le directeur de la police veillait à ce que nul ne travaillât le dimanche et les cafés eux-mêmes étaient tenus de rester fermés, ce jour-là, entre 8 heures et midi. Parallèlement, le préfet de police de Paris commandait à ses administrés d'avoir à décorer leurs extérieurs sur le passage des processions de la Fête-Dieu.

Après le second retour du roi, les relations entre l'Église et l'État devinrent moins cordiales pendant les discussions sur le Concordat, puis, cette question réglée, se concrétisèrent par l'adoption d'autres dispositions. Six archevêques et cinq évêques entrèrent à la Chambre des pairs. L'influence de l'Église était particulièrement sensible dans le domaine de l'éducation, les fonctions de Grand Maître de l'Université, assurées depuis 1814 par une commission de six membres, ayant été confiées à un évêque, Mgr Frayssinous. Celui-ci devait être nommé peu après ministre des Affaires ecclésiastiques et de l'Instruction publique, l'association de ces domaines constituant en soi tout un programme. Les évêques reçurent un «droit de surveillance sur les collèges royaux». Frayssinous épura sans faiblesse l'Université pour la mettre au service de la reconstruction morale et religieuse de la jeunesse, écartant, au bénéfice d'ecclésiastiques, les professeurs dont les opinions déplaisaient. Le clergé fournissait plus d'un tiers des professeurs de l'Université.

L'éducation populaire, ne dépendant pas de l'Université, fut totalement soumise au contrôle du clergé. Dès 1816, les instituteurs furent liés par un certificat de bonne conduite visé par le curé local ; plus tard, en 1824, l'autorisation d'enseigner fut soumise à un comité présidé par l'évêque.

L'échec du nouveau concordat ne trouve-t-il pas son explication dans l'impossible réconciliation du gallicanisme avec l'ultramontanisme ?

Ces deux notions sont forcément irréconciliables, puisqu'elles n'ont d'autre raison d'être que d'opposer deux conceptions des rapports de l'Église et de l'État, autrement dit qu'elles se définissent l'une par opposition à l'autre. On devait voir en action cette opposition dans l'affaire d'un nouveau concordat manqué.

Comme on l'a vu précédemment, Louis XVIII avait fait demander au Pape, dès 1814, l'annulation du Concordat de 1801. Pie VII souhaitait voir supprimer les « articles organiques », que Bonaparte avait ajoutés au traité par un acte unilatéral et qui s'opposaient fondamentalement aux libertés religieuses réclamées par l'Église. Le retour de Napoléon interrompit les négociations en cours. Elles reprirent sous la deuxième Restauration, menées du côté français par le comte de Blacas, nouvel ambassadeur de Louis XVIII au Vatican. Le cardinal Consalvi finit par accepter les termes d'une convention qui ménageait la sensibilité du Saint-Siège, en précisant seulement que le Concordat de 1801 « cessait d'avoir son effet ». Les articles organiques disparaissaient ; les anciens évêchés devaient être reconstitués « en nombre convenable », et ceux qui avaient été érigés en 1801, conservés avec les mêmes titulaires, « sauf exceptions fondées sur des causes légitimes et graves » ; enfin, l'autonomie financière de ces évêchés serait garantie par « une dotation en biens-fonds ou en rentes sur le Trésor ».

On semblait avoir enfin trouvé un compromis acceptable, entre les positions gallicanes et ultramontaines. Mais Louis XVIII, ayant lu le rapport de Blacas, tint à préciser dans l'acte de ratification « qu'il était hors de son intention de porter atteinte aux libertés de l'Église gallicane et d'infirmer les sages règlements que les rois ses prédécesseurs avaient faits à diverses époques, contre les prétentions ultramontaines ». Du coup, le Pape s'opposa à la ratification.

Blacas et Consalvi reprirent le chemin de l'étude. Le nouvel accord qui en résulta, en juin 1817, était légèrement différent du précédent ; sa formulation ne rencontrait plus les oppositions de principes. Pie VII se hâta de ratifier le texte corrigé et dès juillet publia la bulle qui constituait quarante-deux nouveaux diocèses ; le lendemain furent préconisés trois nouveaux cardinaux français et trente-quatre nouveaux évêques. En France, la surprise fut complète. La négociation s'était déroulée dans la plus grande discrétion. Selon l'expression d'usage dans les actes du Saint-Siège, l'accord procédait «de la pleine et libre autorité du Pape», et non pas de celle du roi de France, «qui assignait aux évêchés nouveaux leurs titulaires, ainsi que les dotations promises». Le vieux fond gallican se réveilla, trouvant des soutiens à droite comme à gauche, et jusqu'au sein du ministère. Richelieu admit que le concours des Chambres était indispensable pour corriger la loi concordataire, d'autant qu'une telle opération introduisait des modifications au budget. On décida donc de présenter aux Chambres, au lieu du texte signé à Rome par Blacas, une loi dont les termes étaient beaucoup plus nets. Ainsi l'article 1er affirmait-il que le roi désignait seul les évêques, «en vertu du droit inhérent à sa couronne» ; l'article 5 soumettait à la sanction des Chambres les actes pontificaux intéressant l'Église de France ; l'article 11 établissait la permanence «des maximes, franchises et libertés de l'Église gallicane, des lois et règlements sur les matières ecclésiastiques» – autrement dit des anciens articles organiques. Ainsi, le gouvernement du roi Très chrétien, après avoir signé un accord avec le Saint-Siège, le dénaturait-il entièrement par un acte unilatéral. Bonaparte n'avait pas agi autrement.

Quelle fut la réaction de Pie VII ?

Le Pape fut choqué par la méthode, et s'en plaignit. Un des députés de la droite, le comte de Marcellus, chevalier de la Foi, lui ayant écrit pour lui demander quel comportement adopter, Pie VII lui répondit par un bref, dans lequel il déclarait le projet gouvernemental scandaleux. Le ministère retira alors le projet déposé devant les chambres. Bel imbroglio ! La nouvelle circonscription ecclésiastique, issue de la bulle pontificale de juillet 1817, n'étant pas reconnue par l'autorité civile, et l'ancienne ayant cessé d'avoir cours aux yeux de l'Église, les trente-quatre nouveaux évêques choisis par le pape restaient légalement dépourvus de juridiction, tandis que certains diocèses devenaient bicéphales.

Pour sortir de cette situation absurde, on délégua à Rome un conseiller d'État, le fils de l'ancien directeur des Cultes Portalis. Pie VII fit valoir que le gouvernement, s'il n'était pas capable d'appliquer les clauses du nouveau traité négocié à sa propre demande, n'avait qu'à en revenir au texte qui lui préexistait, c'est-à-dire au Concordat de 1801. C'est à quoi on dut se résigner. Les trente-quatre nouveaux prélats institués furent invités à renoncer momentanément à exercer leur juridiction, tandis que le roi s'engageait à augmenter progressivement le nombre des diocèses français à hauteur de 80, à mesure que l'extinction des pensions ecclésiastiques permettrait de financer leur dotation. Cette promesse fut tenue, à la faveur du retournement politique qui s'opéra à partir de février 1820. Dès octobre 1822, trente des nouveaux diocèses étaient constitués. On compta dès lors en France 80 évêchés, dont la circonscription correspondait à celle des départements. La tradition gallicane était respectée.

Après la déchristianisation à marche forcée de la Révolution et le faible recrutement ecclésiastique sous l'Empire, l'Église catholique devait renouveler sous peine de disparition son clergé. Comment s'effectua le redressement ?

Quasiment interrompu entre 1790 et 1802, le recrutement ecclésiastique était resté insuffisant sous l'Empire : on célébrait entre 350 et 400 ordinations par an, au lieu de 5 000 à 6 000 sous l'Ancien Régime et les évêques maintenaient difficilement l'unique séminaire et l'unique école ecclésiastique de leur diocèse. Le clergé français comptait environ 36 000 prêtres, moins de la moitié du chiffre de 1789. Au dire des évêques, il en aurait fallu 15 000 à 16 000 de plus pour accomplir le salut des âmes. Les perspectives d'avenir n'étaient guère favorables : 18 % seulement des prêtres avaient moins de 50 ans et 4 % moins de 40. « Toutes choses allant comme elles vont, pouvait écrire Chateaubriand en 1816, dans vingt ans d'ici il n'y aura de prêtres en France que pour témoigner qu'il y avait autrefois des autels ».

Les gouvernements de la Restauration s'employèrent à combattre le déséquilibre. À mesure que les finances l'autorisaient, ils augmentèrent le budget des cultes qui, dans l'ensemble, passa de 12 millions, en 1815, à 35 millions en 1830. Les traitements des curés et des servants eurent des aménagements qui les hissèrent à l'échelle des fonctionnaires de l'État. Des sommes substantielles furent consacrées à l'édification et à l'adaptation des séminaires, à la création de bourses d'études dans ces institutions, à la construction et à l'embellissement d'églises nouvelles. Le fruit de ces efforts ne tarda pas à se faire sentir. Le chiffre des ordinations devait progresser d'année en année : 918 en 1815, 1415 en 1820, 1620 en 1825, 2357 en 1830. Alors que sous l'Empire le nombre des décès avait régulièrement dépassé celui des ordinations, à partir de 1825 c'est le contraire que l'on peut observer, si bien qu'en 1830 il y aura finalement 655 prêtres de plus en activité qu'en 1814.

La qualité du nouveau personnel ecclésiastique souffrit-elle de l'accélération du recrutement ?

Cela est difficile à dire. La qualité des vocations a pu se ressentir des procédés utilisés pour les susciter. Il n'est bien sûr pas impossible que l'attrait d'une meilleure situation matérielle, d'une carrière qui valait la faveur de l'État à ceux qui l'exerçaient, ait suscité des vocations d'une qualité médiocre. Lamennais pouvait écrire à son frère, en 1816 : « Il en est maintenant des places ecclésiastiques comme des places civiles : on s'arrange pour être quelque chose et voilà tout ce que l'on voit dans la religion ». Le personnage de Julien Sorel n'est pas une pure imagination de Stendhal. « Autrefois, écrit encore Lamennais, le clergé était à la tête de la société par ses lumières. Jamais, depuis bien des siècles, le clergé, pris en masse n'avait été aussi ignorant qu'aujourd'hui ». Les bibliothèques des séminaires et des ordres religieux, pillées sous la Révolution, n'avaient pas retrouvé leur fonds ; les professeurs n'avaient reçu bien souvent qu'une formation sommaire ; les manuels utilisés étaient encore ceux du XVIIIe siècle finissant. Les évêques, pressés par la nécessité d'assurer le culte paroissial, écourtaient le temps de la formation ; des séminaristes délaissaient leurs études pour dispenser des cours ou surveiller les élèves dans les écoles ecclésiastiques. À ceux qui lui reprochaient d'accepter trop facilement dans les ordres des hommes à faible compétence, Mgr Leblanc de Beaulieu répondit : « J'aime mieux encore faire labourer la vigne du Seigneur par des ânes plutôt que de la laisser en friche ».

Lamennais accéda au ministère en 1815 ? De quelle doctrine se fit-il le héraut ?

Il avait été porté au premier rang des notoriétés littéraires par la publication, en 1817, de *l'Essai sur l'indifférence en matière de religion*. Son apologétique était en rupture avec les préceptes qui étaient à la base des philosophies aristotélicienne et cartésienne, à savoir la croyance en la valeur de la raison individuelle et en son aptitude à s'élever vers la vérité. Pour Lamennais, au contraire, seule la pensée collective, ou, comme il le dit, le sens commun qui s'exprime dans le consentement universel, offre toutes les garanties d'infaillibilité. On y retrouve la figure de la révélation primitive faite par le Créateur. Cette révélation s'est transmise à travers toutes les illusions du polythéisme jusqu'au moment où le Christ est venu lui donner son caractère limpide et souverain, dont est garante maintenant l'Église catholique. De là, «le rôle suréminent» qu'il prête à la papauté dans la société moderne. «Sans Pape, point d'Église, sans Église point de christianisme, sans christianisme point de religion et point de société; de sorte que la vie des nations européennes a sa source son unique source, dans le pouvoir pontifical». Cette allégation se trouve dans l'ouvrage intitulé *De la religion considérée dans ses rapports avec l'ordre politique et social*. L'épiscopat français, et encore moins le ministre des Affaires ecclésiastiques, le gallican Frayssinous, ne pouvaient faire bon accueil à une thèse si abusivement ultramontaine. Lamennais, traduit en correctionnelle «pour provocation à la désobéissance aux lois de l'État», fut condamné à une amende légère et à la saisie de son livre.

De ce moment les idées politiques de Lamennais entrèrent dans une nouvelle phase. Ultraroyaliste au début de la Restauration, il pensait alors la Charte comme «une maladie révolutionnaire qu'on avait inoculée à la monarchie pour le faire périr». Maintenant, indisposé par l'âpreté dont il avait été sujet, il invitait le peuple catholique à disjoindre leur cause de celle de la monarchie et de participer à l'immanquable mouvement qui emportait les peuples vers la liberté. Tel était le thème du dernier ouvrage qu'il publiait avant la chute de Charles X, *Des progrès de la Révolution et de la guerre contre l'Église*.

Les prêtres devaient être d'autant plus facilement sensibilisés par l'ultramontanisme de Lamennais qu'ils pouvaient voir dans l'affermissement de l'autorité du Saint-Siège une compensation au pouvoir césarien dont le Concordat avait investi les évêques à leur désavantage.

Afin de procéder à l'interpellation des populations chrétiennes, l'Église organisa, à l'instar de saint Louis-Marie Grignon de Montfort, des missions intérieures. Comment étaient-elles administrées ?

Vingt années d'interruption devaient marquer la reprise des missions comme une innovation. En tous cas jamais jusque là cette œuvre avait été entreprise d'une façon aussi rythmée et rigoureuse. Dès le retour du roi, s'était bâtie une société de missionnaires sous le nom de Prêtres des Missions de France ; son fondateur et son chef était le P. Rauzan et son premier auxiliaire l'abbé de Forbin-Janson, futur évêque de Nancy. Ils avaient leur centre au Mont-Valérien, qui fut par le passé un lieu de pèlerinage. D'autres sociétés, comme les Jésuites, participèrent à ce mouvement. Quant aux diocèses, des prêtres ordinairement chargés des âmes paroissiales apportaient leur aide aux missionnaires de passage.

Rien n'était laissé au hasard pour donner à la mission un éclat inoubliable, propre à ébranler les incroyants et à régénérer la spiritualité des fidèles. Dès leur arrivée, les missionnaires conviaient toutes les autorités à une grande cérémonie d'ouverture qui impliquait ordinairement une procession à travers les rues de la ville. Puis s'ordonnaient les exercices réguliers, dont les sermons étaient la clef de voûte ; toujours un exercice très matinal réservé aux travailleurs, et une réunion du soir qui pouvait s'étaler sur deux heures, avec des cantiques, des instructions, des conférences-débats, un salut du Saint-Sacrement. Sur ce programme-type se greffaient des retraites spécifiques, des prédications dans les couvents, dans les hôpitaux, dans les prisons, etc. Parce que les missionnaires allaient aux cœurs par l'imagination, ils conféraient aux cérémonies une certaine grandeur ; *mea culpa* pour les crimes révolutionnaires, rénovation des vœux du baptême, procession au cimetière, où il arrivait que le prédicateur évoquait la mort et l'enfer à l'aide d'un crâne à la main. On érigeait enfin, pour couronner la mission, une croix commémorative, et cet événement donnait encore prétexte à organiser une procession, à laquelle participaient, avec la population de la ville, les autorités civiles et militaires.

Quel résultat fut obtenu ?

On doit croire que les missions eurent le plus souvent l'effet d'une renaissance dans la vie chrétienne ; en font foi les chiffres considérables des communions générales, l'activité des missionnaires au confessionnal qui ne désemplissait pas, les manifestations de sympathie et d'affection dont étaient enveloppés les missionnaires à leur départ. Mais aussi, il faut admettre que les missionnaires associèrent facilement la politique à la religion en prêchant la loyauté vis-à-vis du régime comme une partie intégrante de leur credo. Ainsi, ils contribuaient à éloigner de la religion certaines natures pour lesquelles de tels procédés étaient inacceptables.

*Une autre fonction semblait toute dévolue à l'Église :
l'éducation. Dans quelle situation se trouvait, à la fin
de l'Empire, l'enseignement en France ?*

Avant la Révolution, l'enseignement était intégrale-
ment dans les mains de l'Église. Napoléon avait voulu
le mettre sous la domination de l'Université, une sorte
de congrégation laïque dont il conservait le contrôle
par la nomination du Grand Maître. En 1814, des voix
multiples marquaient leur distance en face de ce monopole et envisageaient de supprimer « la fille légitime de
Buonaparte ». Les lycées impériaux subsistèrent sous
l'étiquette de « collèges royaux », mais on s'attacha à
revoir le monopole universitaire par lequel pouvait
s'instituer un enseignement purement ecclésiastique :
petits séminaires, pratiqués, malgré les règlements par
un grand nombre d'élèves nullement voués au sacer-
doce, collèges dit de *plein exercice* habilités à remettre
des diplômes au même titre que les collèges royaux,
collèges *mixtes* issus de la fusion d'un collège commu-
nal et d'une école ecclésiastique.

Quel fut le rôle exercé par l'Église ?

Lorsque la droite accéda au pouvoir, en 1821, le
clergé se trouva prêt à rendre à l'institution universitaire une couleur plus ecclésiastique. Sa suppression
n'était plus à l'ordre du jour. C'est Mgr Frayssinous qui
comme Grand Maître de l'Université et comme ministre
de l'Instruction publique veilla à sa restructuration. « Les
bases de l'éducation des collèges, dit l'ordonnance du
27 février 1821, sont la religion, la monarchie, la légitimité et la Charte ». Des aumôniers dispensaient l'enseignement religieux proprement dit, et l'emploi du
temps était rythmé par la pratique religieuse : prière au
début des classes, messe quotidienne, confession men-

suelle obligatoire, etc... Il n'est pas surprenant que de tels procédés aient pu heurter les incroyants, ou plus simplement les esprits soucieux de neutralité.

Pouvons-nous dresser un bilan de son action éducatrice ?

Au point de vue de la religion, l'observation qui précède suggérerait un bilan plutôt négatif, mais l'œuvre éducatrice des gouvernements de la Restauration prend sa dimension à travers un autre critère : la fantastique fécondité, de tous les genres littéraires. À cet égard le contraste est frappant avec l'ère précédente où le rôle essentiel de l'Université semble avoir été d'éduquer des « gentils sujets » pour l'empereur. Pour l'intelligence française, la disparition de l'Empire rima avec la suppression des entraves idéologiques par le retour à la liberté d'esprit qui autorisa la pensée à renouer avec le processus intellectuel rompu par la bêtise révolutionnaire. « Qui ne se souvient, dit Guizot, du grand mouvement intellectuel qui s'éleva et s'épanouit rapidement sous la Restauration. L'esprit humain naguère absorbé ou comprimé par les rudes travaux de la guerre, retrouva sa libre et généreuse activité. La poésie, la philosophie, l'histoire, la critique littéraire, tous les genres d'exercice de la pensée, reçurent une impulsion nouvelle et hardie ». La part de l'Église dans ce mouvement intellectuel se situe dans l'art de l'accompagnement et non dans la critique stérile.

Les minorités religieuses, juives ou protestantes, subirent-elles des formes de persécution ?

À cette question il faut répondre carrément : non.

Les protestants, dans la France de 1815, n'étaient pas plus de 500 000. Ceux d'Alsace s'appréciaient à la moitié environ de ce nombre, ils appartenaient à la confession d'Ausbourg, comme ceux de l'ancienne principauté de Montbéliard ou qui constituaient de petites structures dans les départements de l'Est. Les calvinistes de l'Église réformée étaient marqués par une disparité géographique plus grande sur près de quarante départements ; ils ne formaient des minorités denses que dans le Gard, l'Ardèche et la région de Montauban.

Longtemps maltraités par la monarchie, les protestants, se méfiaient du gouvernement et de l'Église catholique. Et pourtant, cela ne fut aucunement justifié. Les violentes émeutes populaires anti-protestantes qui accompagnèrent la Terreur blanche dans le Midi se limitèrent au Gard, et les autorités s'employèrent vite à restaurer l'autorité de l'État. Malgré leurs opinions souvent libérales, les protestants occupèrent dans la société et même dans le gouvernement, une situation plus avantageuse que toutes celles qu'ils avaient connues depuis Henri IV. On en trouva aux plus hauts degrés de l'armée, de la magistrature et de l'administration, et six d'entre eux siégèrent à la Chambre des pairs. Un autre, Georges Cuvier, présida la commission de l'Instruction publique ; les facultés théologiques réformées de Strasbourg et de Montauban furent subventionnées ; et le gratin de la société parisienne fréquentait volontiers les salons protestants, ceux de la duchesse de Broglie, née Albertine de Staël, de Madame de Gasparin, des banquiers Delessert, Thuret, Malet, Hottinguer.

Les israélites étaient au nombre de 60 000 environ. Avec la Restauration, les dernières barrières légales qui leur imposait un statut spécifique, tombèrent. Napoléon, en donnant en 1808 une structure juridique au culte israélite, avait entretenu, pour les juifs d'Alsace, un régime d'exception, à titre d'essai, d'au moins dix ans. Le gouvernement royal mettra un terme, en 1818, à ce régime particulier et les juifs alsaciens se retrouvèrent à égalité de droit avec tous les Français. Dans la capitale prospérait une communauté israélite d'importance ; elle se chiffrait à au moins trois mille personnes dont la direction était confié à un consistoire de grands bourgeois comme les Rothschild, qui encourageait un réseau d'œuvres de bienfaisance.

LA CRAINTE

Les souvenirs tragiques de la Terreur et de l'exil conti-
nuent à hanter la plupart des esprits. Par quoi se mani-
festait cette angoisse ?

Il serait sans doute exagéré de parler ici d'angoisse.
Il reste que les souvenirs de la Terreur révolutionnaire
ont toujours été à la racine de l'argumentation de ceux
qui luttaient contre toute concession aux idées libérales ; d'après eux, le fait révolutionnaire témoignait
que cette idéologie inclinait naturellement aux excès
d'une tyrannie sanguinaire. Ces souvenirs rendaient
aussi impossible tout rapport amical entre anciens ter-
roristes et parents des anciennes victimes. Quant au
souvenir de l'émigration, il a bien pesé sur la politique
intérieure jusqu'à ce que le gouvernement de Villèle ait
trouvé le moyen de contenter les anciens propriétaires
de biens nationaux. Et cela n'a pu s'effectuer qu'en
allumant le ressentiment d'une classe de bourgeois
détenteurs de rentes.

La proximité d'un tel passé et l'inquiétude qui y est rattachée n'ont-elles pas altéré une certaine faculté de discernement ?

L'abolition des droits féodaux ne datait que d'une vingtaine d'années. Le retour en force de la noblesse, sous la Restauration pouvait faire craindre à certains la remise en vigueur de certains anciens privilèges. Ce fut un des arguments utilisés à l'excès par Napoléon pour motiver son retour en mars 1815. En réalité, ces inquiétudes furent sans lendemain.

En dehors des craintes politiques, comment la maladie et la mort étaient-elles appréhendées ?

Il n'y a aucune raison de croire que ces sentiments furent différents de ce qu'ils étaient avant ou furent après. Ce sont des sentiments qui évoluent très lentement, presque insensiblement. Et la politique n'y a rien à voir. Peut-être pourrait-on dire que le nombre des tués dans les dernières batailles de l'Empire avait familiarisé l'opinion avec l'idée de la mort violente avant une vieillesse paisible.

Des conditions précaires provoquèrent épidémies et catastrophes. Quelle fut leur ampleur ?

L'agriculture occupait 72 % des Français et offrait au pays les trois quarts de ses revenus annuels. Les prix des denrées agricoles variaient différemment selon les régions, et les saisons. Les méthodes de culture restaient héritées du XVIIIe siècle : dans bien des campagnes, la charrue gardait un soc en bois et l'on continuait à pratiquer l'assolement traditionnel, qui laissait le sol en jachère un an sur trois. Les engrais faisaient en effet souvent défaut, et l'on se contentait de fumer les champs avec le fumier des bestiaux.

Les récoltes de 1814 et de 1815 avaient été efficaces. Mais les réquisitions étrangères avaient vidé les réserves. L'été de 1816 fut calamiteux, humide et frais, et la mauvaise récolte fit grimper le prix des céréales : L'hectolitre de blé qui se négociait en moyenne à 19,53 F, en 1815 monta à 34 F en décembre 1816, 46 F en mai 1817, et au moment de la soudure il atteignit même 80 F par endroits. Quant au prix du pain, il dépassa en bien des lieux 2 F le kilogramme. Les habitants de certains villages du nord-est, littéralement affamés, mangeaient des herbes et des racines, et parfois même l'écorce des arbres. La faim provoqua des émeutes : des convois furent pris d'assaut, des marchés et des boulangeries pillés, des fermes isolées razziées. On fit appel à la troupe, le sang coula.

Le peuple de Paris, du moins, échappa à la famine. On créa une caisse de compensation qui servit à couvrir les déficits des boulangers tenus de vendre à 1,25 F le pain de 2 kg. Le gouvernement importa de Russie, ou ailleurs, pour 70 millions de blé, pour renflouer les différents marchés ; il attribua des primes aux importateurs, ouvrit des ateliers de charité, favorisa la culture de la pomme de terre. Partout, les préfets rassemblèrent les ressources locales avec celle de la charité privée. La famille royale, sollicitée de toute part, montra l'exemple.

Dans les années suivantes la production de céréales augmenta si bien que pour éviter une chute brutale des prix, on fixa, à l'exemple de l'Angleterre, une échelle mobile qui procédait à l'établissement d'une taxe sur les blés étrangers à mesure que baissaient les prix du marché intérieur.

De longues pluies estivales occasionnèrent une baisse de rendement pour les récoltes de l'été 1828. Et au cours de l'hiver suivant des gelées vigoureuses rendirent quasi impossible le trafic fluvial. Comme en 1817, il y eut des menaces de famines locales, et çà et là des émeutes populaires se dressaient. La conjoncture, toutefois, fut moins critique qu'en 1816 : l'effet du tarif protecteur se trouvait mécaniquement suspendu ; l'importation vint rapidement combler les manquements ; le prix du blé ne dépassa pas 21,55 F l'hectolitre.

Normalement, chacune de ces crises alimentaires auraient dû se traduire par une augmentation de la mortalité, or ces poussées ne se font sentir que pour les années 1818-1819 et 1827-1829.

Les autorités municipales prirent-elles les mesures d'assainissement qui s'imposaient ?

On ne dispose de documents satisfaisants que pour la capitale. Celle-ci avait deux têtes : le préfet de police et le préfet proprement dit. Le premier était chargé du maintien de l'ordre et dépendait directement du ministère de la police – ainsi il devait changer plus d'une fois. Le préfet, lui, dépendait du ministère de l'Intérieur ; il était responsable de tout ce qui touchait à la vie matérielle. Sous la Restauration ce poste n'eut qu'un seul titulaire : Gilbert Chabrol de Volvic. Sous son impulsion Paris connut d'importantes améliorations : ouverture de voies nouvelles, amélioration des voies existantes, création d'un réseau de distribution d'eau à partir de la jonction du canal de l'Ourcq et des pompes de l'eau de la Seine ; en 1830 on recense 78 établissements de bains chauds, totalisant, avec ceux des cinq bateaux établis sur la Seine, 3 768 baignoires. Antoine Caillot pourra écrire, en 1827 : « Aujourd'hui il n'est homme ni femme qui, dans les classes distinguées ou opulentes de la société, ne prenne le bain, sinon tous les jours, au mois trois ou quatre fois la semaine ».

Et l'organisme de contrôle ?

Il existait depuis 1802, un *Conseil de salubrité de la ville de Paris et des départements de la Seine*. Ses travaux, publiés en 1828, mettent en évidence le rôle primordial des médecins de quartiers. L'un d'entre eux, le Docteur François Leuret, a édité dans les *Annales d'Hygiène de 1836* une description frappante des conditions d'existence dans le faubourg Saint-Marcel. Par ailleurs, les prescriptions du Conseil de Salubrité se situaient dans la continuité des ordonnances du préfet de police. Elles tournaient autour de la distribution de l'eau dans les fontaines publiques et l'enlèvement des ordures. Les propriétaires étaient tenus de nettoyer devant leurs extérieurs jusqu'au milieu de la chaussée et de ne rien y laisser après le passage de l'entreprise concessionnaire qui retirait les ordures. Mais la préfecture de police possédait, depuis 1827, son propre service de balayage qui veillait à la propreté des places, quais, boulevards. Disposer de ces ordures pose un problème que l'administration s'épuise à résoudre. Des *voiries*, ou décharges, furent établies à proximité des différentes barrières de la capitale, mais les habitants des lieux concernés manifestaient leur mécontentement contre ces foyers pestilentiels. L'achèvement du canal de l'Ourcq, en 1825, permit de créer un dépôt pour une partie des ordures de Paris sur un terrain de la forêt de Bondy.

Le problème connexe des vidanges se compliquait de l'interdiction, à partir de septembre 1814, de réaliser des conduites d'eaux ménagères communiquant avec les égouts ; la longueur totale de ces égouts, en 1814, n'était que de 24 832 m. Les grands travaux, effectués entre 1815 et 1830, devaient les augmenter d'environ 15 000 m. Les plus importants étant les égouts créés pour les besoins des cinq abattoirs montés à la fin de l'Empire, et le grand égout latéral du canal Saint-Martin.

Le Conseil de Salubrité accorda une attention spéciale aux épidémies de variole, qui affectèrent la population parisienne en 1817, 1822 et surtout 1825. On a constaté que ces crises coïncidaient avec des arrivées importantes d'ouvriers du bâtiment, venant de départements où la vaccine n'était pas dans les mœurs. Certains médecins s'étaient à cette occasion attaqués à un clergé, supposé obscurantiste, l'archevêque réagit et publia une lettre aux curés leur ordonnant de faire pression sur leurs pauvres paroissiens.

En dehors de toutes ces inquiétudes, les différents gouvernements avaient un autre souci : maîtriser l'opinion publique. Quelle était la situation en 1815 ?

Y a-t-il une opinion publique en 1815 ? Il existe, bien sûr, les moyens d'expression légaux que sont les élections aux chambres législatives et d'autre part un cadre légal pour les organes de presse. Mais les unes et les autres dépendent du gouvernement du moment. Il y aurait bien à l'écart de ces expressions dûment surveillées, des émotions populaires instinctives, mais elles sont régulièrement le fruit des facteurs économiques, tels que les pénuries sur les marchés, les célébrations officielles telles que celle du *Champ de Mai*, orchestrées par Napoléon pendant les Cent-Jours. Elles ne font que mirer «l'efficacité résiduelle» des mécanismes de sa dictature et ne proviennent en rien d'un soutien populaire. En revanche, on peut croire à l'authenticité des manifestations de sympathie que lui témoignèrent quelques villes lors de son retour de l'île d'Elbe. Elles ne concernaient toutefois que de petits groupes de partisans et ne sauraient être interprétées comme les émanations d'une opinion publique. Non plus, d'ailleurs, que les élans populaires qui se produisirent autour de Louis XVIII avant son départ pour Gand et lors de son retour en juillet 1815.

En somme, les critères sont loin d'être respectés en ce qui concerne l'existence d'*une opinion publique* en 1815.

Faire de bonnes élections, voilà le but que poursuivait tout gouvernement dans sa volonté de se conserver. Quels moyens ont été utilisés ?

Les moyens de peser sur les élections dépendent d'abord du mécanisme de la constitution. La Charte énonce : article 40, les électeurs qui concourent à la nomination des députés ne peuvent avoir le droit de suffrage s'ils ne paient une contribution directe de trois cents francs ; et s'ils n'ont au moins trente ans. – Article 37 : les députés seront élus pour cinq ans et de manière que la Chambre soit renouvelée chaque année par cinquième. – Article 38 : aucun député ne peut être admis dans la Chambre s'il n'est âgé de quarante ans, et s'il ne paie une contribution directe de mille francs.

En conséquence le nombre des électeurs se chiffre aux environs de 100 000 ; et celui des éligibles à 10 000.

Le nombre relativement limité des électeurs, dans beaucoup de départements, offre aux préfets la possibilité de les contacter individuellement et de les influencer pour qu'ils montrent une bonne intention vis-à-vis de la cause gouvernementale. À cette occasion, une monnaie d'échange, quelque poste dans l'administration, pour eux-mêmes ou pour un membre de leur famille, pourrait satisfaire leur cupidité. Si l'on veut éviter l'élection d'un adversaire, le ministre des Finances peut revoir les impôts à la baisse au dessous de 1 000 F, seuil de l'inéligibilité. De même, on peut falsifier les listes des électeurs à 300 francs, en omettant d'y inclure les opposants, mais en y inscrivant des partisans vigoureux, même au prix de quelque augmentation d'impôt que l'on régularisera par la suite.

Pouvons-nous dresser un panorama des diverses manipulations électorales ?

Dans les élections d'octobre 1816, faisant suite à la dissolution de la Chambre introuvable, les agissements de Decazes empêchèrent certains députés du parti ultra de retrouver leur siège. Une chambre à majorité *constitutionnelle* était née, disposée à favoriser la politique du gouvernement dans une inclination vers la gauche libérale. Néanmoins aux élections partielles de septembre 1817, pour le reconduction d'un cinquième de la chambre, Decazes fut dépassé sur sa gauche par un groupe qui se disait *indépendant* et se caractérisa par une franche opposition avec la politique gouvernementale. Cette famille *indépendante* progressa encore aux élections partielles de 1818 ; Richelieu après avoir subi un échec dans sa tentative de réaction, quitta le pouvoir. Decazes lui-même, dut s'apercevoir, après les élections de 1819, qu'il perdait du terrain ; et il décida, au début de 1820, de recentrer vers la droite la politique gouvernementale. Sur ces entrefaites survint l'assassinat du duc de Berry. Decazes fut contraint de quitter ses fonctions pour laisser Richelieu organiser la réaction, ce qui se concrétisa par une nouvelle loi électorale, dite *du double vote* : la chambre serait constituée de 430 membres au lieu de 258. Ces députés, que désignaient préalablement les collèges uniques de départements, seraient à l'avenir élus par des collèges d'arrondissement, constitués de tous les électeurs payant 300 F d'impôts directs. Les 172 nouveaux sièges seraient pourvus par des collèges de département, ou *grand collèges*, élaborés, dans chaque département, par le quart des électeurs les plus imposés. Comme ceux-ci votaient également au sein du collège d'arrondissement, cela revenait à donner aux plus aisés – supposés les plus conservateurs – le droit de voter deux fois.

Quel résultat obtint le gouvernement ?

Les premières élections faites d'après ce système, se déroulèrent au début de novembre 1820. Elles revêtaient une importance particulière, puisqu'il y avait à élire non seulement 51 députés pour le tiers sortant, mais aussi les 172 nouveaux députés des *grands collèges*. Le gouvernement recourut, pour les préparer, aux procédés les plus classiques : 14 500 électeurs suspects furent dégrevés de façon à soustraire leur droit de vote. Il en résulta une défaite de la gauche, qui n'obtenait que quatre-vingts voix, tandis que les ultraroyalistes sortaient de ce scrutin largement victorieux.

Les élections partielles d'octobre 1821 confirmèrent quasiment le précédent rapport de forces – le ministère perdit seulement sept voix au profit de la gauche. Peu de jours après, le duc de Richelieu quittait le pouvoir qu'héritaient Villèle et Montmorency. Ce ministère de droite présida aux élections de l'année suivante qui eurent lieu exceptionnellement au mois de mai 1822, parce que le gouvernement avait pensé utile de rappeler le parlement pour une seconde session au cours de cette même année. Le résultat respecta l'équilibre des partis : la droite ayant remporté cinquante-quatre sièges, contre trente-deux à l'opposition.

La fin de l'année 1822 et les premiers mois de 1823 furent animés au parlement, par les discussions qui concernaient l'intervention militaire de la France en Espagne. La réussite de cette opération, dirigée par le duc d'Angoulême, eut des implications directes sur la politique intérieure. À la fin de décembre 1823, une ordonnance royale prononça la dissolution de la chambre et organisa pour le printemps 1824, des élections générales. Le gouvernement ne négligea aucun des moyens pratiques habituels : trucage des listes électorales, pression sur les fonctionnaires, sommés par circulaire ministérielle, de voter dans le sens désiré, au risque de perdre leurs places. Le succès fut impressionnant ; sur les 110 sièges qui appartenaient à l'opposition libérale dans la chambre précédente, elle n'en eut que 19. Selon le mot de Louis XVIII, c'était la *chambre retrouvée.*

La première chose que fit cette nouvelle chambre fut, au moyen de la loi, de mettre un terme au renouvellement annuel par cinquième et élevait à sept ans la durée du mandat parlementaire. Ainsi se donnait-on le temps de réussir le programme de réformes de « l'ultracisme ». Cette chambre, n'ayant plus à s'inquiéter d'une opposition de gauche, ne tarda pas à s'affaiblir par des divisions humaines. La session parlementaire de 1827 se clôtura, le 22 juin, dans une atmosphère pesante. Le temps semblait travailler pour l'opposition. Villèle pensa qu'il valait mieux tenter l'épreuve de force rapidement : en présence d'une opposition libérale renforcée, les royalistes dissidents – qui formaient une contre-opposition – seraient obligés de se serrer autour du trône et du ministère. Le 6 novembre 1827 furent publiées les ordonnances qui prononçaient la dissolution de la chambre existante et fixaient les élections au mois de novembre.

Pourtant, l'objectif du gouvernement ne se plaçait pas sous les meilleurs auspices.

Le calcul du gouvernement fut déjoué par l'entente qui fut scellée, en bien des circonscriptions électorales, par la contre-opposition et la gauche, qui réussirent à présenter des listes communes. En conséquence, les collèges d'arrondissement donnèrent 195 sièges aux deux oppositions contre 83 au parti ministériel. Les grands collèges, plus conservateurs, apportèrent, aux candidats du gouvernement 110 sièges environ et une

cinquantaine à l'opposition. À première vue, la nouvelle chambre se composait de 150 *villèlistes*, contre un
nombre de libéraux à peu près égal, et 60 à 80 royalistes de la contre-opposition.
Ces résultats obligèrent le Roi à changer son gouvernement. Villèle partit. Une équipe fade et incolore
le remplaça. Le ministre de l'Intérieur, Martignac, fut
son porte-parole sans avoir le titre de président. Les
mesures qu'il fit voter parurent teintées d'idées libérales. Notamment, une nouvelle modification de la loi
électorale qui ôtait aux préfets le droit de regard sur
la liste des électeurs. Charles X supportait difficilement
cette politique. Au cours de l'été 1829, il crut avoir
trouvé le moyen de constituer une majorité par la coalition de personnalités *villèlistes* avec des membres de
la contre-opposition.

Qui fut chargé de cette mission ?

Pour organiser cette tentative, le roi choisit le plus
impopulaire de ses fidèles : Jules de Polignac, qui
s'entoura lui-même de personnalités détestées des
milieux journalistiques. On s'attendait à un coup d'État,
ou au moins à une dissolution du Parlement. Au lieu
de quoi Polignac se cantonna pendant six mois dans
une incompréhensible apathie, suscitant les divisions,
décourageant ses partisans par sa médiocrité et encou-
rageant ses adversaires par ses hésitations. Le Roi
manifesta enfin ses intentions dans le discours du
trône, prononcé à l'ouverture de la session, le 2 mars
1830. En dépit d'un ton respectueux, l'adresse votée
par la Chambre, à 30 voix de majorité, en réponse à ce
discours, marquait clairement le refus de la majorité de
collaborer avec le gouvernement. Charles X, cependant, n'était pas disposé à se laisser faire : logiquement,
une dissolution devait suivre. On la retarda pourtant

en décidant, le 19 mars, de proroger la session. Sans doute voulait-on ainsi se donner la possibilité de regarder d'un peu plus près les listes électorales, ce dont la responsabilité revenait au ministre de l'Intérieur Peyronnet, ancien Garde des Sceaux du gouvernement de Villèle, « toujours aussi fendant et sûr de lui-même ». Il ne devait pas en avoir le temps : dès le 16 mai, parut une ordonnance qui annonçait la dissolution et fixait la date des élections aux 23 juin et 3 juillet, échéances repoussées ensuite aux 13 et 19 juillet. À gauche, tous les courants d'opposition passèrent des accords visant à la réélection des 221 députés qui avaient voté l'adresse en mars dernier. Du côté du gouvernement, on mit en œuvre tous les moyens ordinaires : circulaires aux fonctionnaires, promesses, menaces... Le Roi lui-même s'engagea, par une proclamation dans laquelle il considérait de son devoir de protéger les droits sacrés de la couronne. Le résultat final donna 274 sièges à l'opposition, contre 143 au gouvernement, plus 11 indécis ou non pourvus. La défaite électorale était indiscutable.

C'est alors que le Roi décida de se référer à l'article 14 de la Charte et de modifier, par les quatre ordonnances du 25 juillet, les régimes de la presse et des élections. La résistance violente qu'y opposèrent les journalistes et une partie active de la population parisienne déboucha sur la Révolution de 1830.

Le deuxième volet de la maîtrise de l'opinion passait, aussi, par une action pour limiter la liberté d'expression. Dans quel cadre les dispositions législatives sur la presse s'exercèrent-elles ?

La Charte de 1814 statuait dans son article 8 : « Les Français ont le droit de publier et de faire imprimer leurs opinions, en se conformant aux lois qui doivent réprimer les abus de cette liberté. » Il fallait donc s'attendre à de nombreux débats sur le sujet.

Dès la première Restauration, en juillet-août 1814, avait eu lieu une première et rude discussion. La pleine liberté était reconnue pour tous les écrits de plus de vingt feuilles d'impression. Toutefois, les journaux ne pouvaient paraître qu'avec l'autorisation préalable du roi ; les autres écrits restaient soumis à une censure, mais cette restriction n'aurait qu'un effet passager – jusqu'à la fin de 1816. À cette date, naturellement, les événements commandèrent le maintien d'une législation plus étouffante.

Decazes, comme ministre de la Police, puis de l'Intérieur, n'éprouva aucun scrupule à faire condamner des journalistes et des auteurs de brochures sous les inculpations de diffamation ou d'incitation au désordre et à la haine. Au cours de la session parlementaire de 1819, le ministère Dessolles-Decazes tenta cependant de répondre à certaines revendications, en faisant présenter par le Garde des Sceaux Hercule de Serre une nouvelle législation, articulée sur trois lois. D'abord, il n'y aurait pas lieu de poursuivre la publicité pour elle-même, mais seulement les délits qu'elle pourrait générer : incitations au crime, offenses à la personne du roi, outrages à la morale publique et à la religion, diffamation et invectives ; ensuite, la connaissance de ces délits serait portée devant les jurys et non plus les tribunaux correctionnels ; enfin, tout journal devrait produire une déclaration préalable de deux éditeurs responsables et un cautionnement de 10 000 francs en titres de rente.

À quelle évolution la liberté de la presse fut-elle soumise ?

Ce régime relativement libéral devait être mis à mal par la réaction qui suivit la mort tragique du duc de Berry. Les périodiques furent alors soumis à autorisation préalable, et les articles politiques pointés par une censure exercée par une commission de douze membres à

Paris, trois dans les départements. En cas de pour-
suites, le gouvernement pourrait interrompre la parution du journal incriminé sans attendre le jugement.
Cette loi d'exception devait rester temporaire, et appli-
cable pour un an ; à la date prévue, cependant, c'est-à-
dire à la fin de la session parlementaire de 1821, le
gouvernement obtint que la censure soit maintenu
jusqu'à la fin de la session suivante, en juillet 1822.

Le ministère royaliste qui prit la succession de celui
Richelieu à la fin de 1821, s'empressa de modifier le
régime de la presse, en ajoutant à la liste des délits
passibles de sanctions l'outrage à la religion de l'État et
aux cultes reconnus, l'attaque contre le droit héréditaire, l'inexactitude dans les transcriptions des débats
parlementaires, et surtout – innovation – « le délit de
tendance », défini par la loi en ces termes : *l'esprit d'un
journal ou d'un écrit périodique, résultant d'une succession d'articles... de nature à porter atteinte à la paix
publique, au respect dû à la religion d'État... à l'autorité du roi... etc. etc.*

En appliquant ce régime à la lettre, le gouvernement
espérait asphyxier petit à petit la presse libérale. Néanmoins, les décisions des tribunaux, soutenus par des
jurys indépendants, contrariaient de plus en plus les
volontés gouvernementales. Ainsi, lorsqu'à la fin de
1825, le gouvernement déféra devant la Cour royale
de Paris *Le Constitutionnel* et *Le Courrier* pour atteinte
à la religion de l'État, ce tribunal éconduisit le gouvernement avec des considérants qui constituaient un vrai
camouflet. Par ailleurs, l'arme absolue de la censure
faisait défaut. Villèle, en août 1824, invoquant la santé
déclinante de Louis XVIII, se proposa de la rétablir ;
mais Charles X, dès son avènement, avait exigé son
retrait et il n'était pas pensable de le faire revenir sur
cette décision. Il eût d'ailleurs été presque impossible
de gouverner contre l'opinion qui prédominait dans

la presse et au sein de la population parisienne. Les journaux d'opinion libérale avaient 40 000 abonnés, alors que les feuilles gouvernementales n'en cumulaient que 14 000.

Quelle fut alors l'attitude de Villèle ?

Villèle s'obstina, à la fin de 1826, à procéder à des modifications du régime de la presse. Son Garde des Sceaux, Peyronnet, proposa, le 29 décembre, un projet de loi qui devait donner lieu à un contrôle intégral de tout l'imprimé. Étaient touchés, non seulement les journaux, mais aussi les pamphlets et brochures, qui devaient être confiés à la direction de la librairie cinq jours au moins avant parution, de façon à pouvoir empêcher toute subversion. En outre, ils devaient être taxés d'un lourd *droit de timbre*. Les journaux, aussi, s'en acquittaient en proportion de la taille des feuilles. Ils ne pourraient paraître sans une déclaration préalable du nom de cinq propriétaires, qui seraient tenus en tant que tels pour responsables, à la place des gérants qui leur servaient de paravents.

Avec une belle unanimité, l'opposition se répandit en protestations indignées. Les imprimeurs et libraires de Paris évoquèrent la ruine probable de leur métier. L'Académie française adressa une pétition au roi. Lamennais parla d'un « monument unique d'hypocrisie et de tyrannie ». Le Garde des Sceaux tenta de défendre son projet, qu'avec une incroyable maladresse il qualifia de « loi de justice et d'amour ». L'opposition ironisa sur une expression qui, appliquée à un tel projet, pouvait passer pour une provocation. Le débat qui eut lieu à la Chambre, du 13 février au 12 mars 1827, devait faire date dans les annales parlementaires. On y traita, de la manière la plus concise et la plus pertinente, de toutes les questions qui ont trait à la liberté de la presse. En définitive, la loi fut votée par 233 voix contre

134, alors qu'en avril 1824, l'opposition ne disposait, au sein de cette même chambre, que de vingt voix. Le gouvernement présenta ensuite sa loi à la Chambre des pairs. La façon dont fut constituée la commission chargée d'étudier le projet annonçait si évidemment son échec que Villèle se décida à la retirer. Il y eut des manifestations enthousiastes ; le ministre et sa majorité n'avaient réussi qu'à irriter l'opinion sans rien obtenir de positif.

C'est cet échec qui amena Villèle à prendre le risque de dissoudre la chambre et de préparer de nouvelles élections. Puisque la Chambre des pairs s'était montrée hostile à ses projets, il fallait en modifier la composition en procédant à une *infusion* de personnalités mieux disposées, comme l'avait fait Decazes en mars 1819. Où les prendrait-on, sinon parmi les députés amis de la majorité ? On serait donc tenu de remplacer la quarantaine de sièges vacants. Plutôt que d'envisager des élections partielles, ne valait-il pas mieux dissoudre la chambre ? Villèle calcula peut-être aussi « qu'en face d'une opposition libérale renforcée, la contre-opposition de droite serait obligée de faire taire ses rancunes pour se serrer autour du trône... et du ministère ». Nous avons précédemment dit que la défaite du parti ministériel obligea Charles X à remplacer Villèle par un gouvernement de transition incolore.

En adoptant une législation particulière, l'État n'a-t-il pas créé les conditions favorables à l'existence de prisonniers politiques ?

Les individus condamnés à des peines de prison pour atteinte aux institutions ou incitation au désordre peuvent en effet être considérés comme des prisonniers politiques. C'est, par exemple, le cas isolé du chansonnier Béranger, condamné à trois mois de prison en 1821.

L'UTOPIE

Pouvons-nous considérer l'ultracisme comme le produit d'un imaginaire révolu ?

Sans doute beaucoup de membres du parti qualifié d'ultraroyaliste se faisaient-ils une idée plus ou moins idéale de l'Ancien Régime, qu'ils ne connaissaient qu'à travers des souvenirs d'enfance ou des récits d'aïeux. Toutefois, un certain nombre de questions politiques soulevées par les ultras, comme la décentralisation ou la réforme du suffrage universel, n'avaient rien de passéistes.

La décentralisation répondait au désir des royalistes purs – ainsi se désignaient les ultras – de déstructurer l'État napoléonien, dont l'organisation hiérarchique était inspirée des conceptions militaires en la matière. Quant à la réforme du suffrage, elle tenait à l'idée que le vote restreint, basé sur le cens, profitait à la bourgeoisie, peu favorable à la monarchie, tandis qu'un vote populaire épouserait plus naturellement les formes du principe monarchique.

Le programme du parti ultraroyaliste comprenait d'autres projets, clairement exposés dans une note rédigée par le fondateur des Chevaliers de la Foi et destinée à formuler les vœux des Conseils généraux de départements. On y trouve logiquement les principales mesures qui devaient animer les Chambres pendant les législatures : l'indemnité aux émigrés anciens propriétaires de biens nationaux, le renforcement de la puissance paternelle avec la création de majorats pour éviter le morcellement des propriétés, la répression des sacrilèges. Mais y figurent aussi la réduction du nombre des tribunaux, le droit de nomination réservé au roi pour tous les grades militaires, la restriction du port d'armes, la diminution du loyer de l'argent, la répression de la licence de la presse, le droit d'acquérir et de posséder pour les communautés religieuses, la préséance à donner dans le mariage à l'acte religieux sur l'acte civil, l'augmentation des traitements ecclésiastiques. Il n'est pas évident que la seule nostalgie de l'Ancien Régime ait inspiré tous ces desseins.

L'école traditionaliste que servaient Joseph de Maistre et Louis de Bonald se nourrissait de conditions spécifiques. Quelles étaient-elles ?

Ce qui peut distinguer Bonald et Maistre des autres auteurs politiques de leur temps et en même temps les rapprocher, tient d'une part au caractère philosophique des prémices naturels de leur pensée, et d'autre part au fondement religieux de leurs systèmes politiques. Tous deux étaient, aussi, issus d'une petite noblesse de robe, étrangère aux dépravations de la cour et de la capitale : Bonald en Rouergue, Maistre en Savoie. Ils avaient peu de sympathie dans l'humaine nature et ne concevaient le salut de la société que dans la soumission à l'autorité émanant de la monarchie multiséculaire. Enfin, ils se savaient en communion de pensée. Maistre écrivait, en 1818, à Bonald : «Est-il possible que la nature se soit

amusée à tendre deux cordes aussi parfaitement
d'accord que votre esprit et le mien ? C'est l'unisson le
plus rigoureux. C'est un phénomène unique ».

*Quant à Chateaubriand, il représentait la défense des
libertés publiques. Quelle forme prit son combat ?*

Dès son premier livre, écrit en émigration à Londres,
l'*Essai historique sur les révolutions*, Chateaubriand
avait évoqué l'idée d'un ordre politique qui préserverait les droits du peuple, sans heurter ceux des souverains. Mais il s'opposait clairement aux principes
rousseauistes de souveraineté populaire et de contrat
social. C'est le succès de son grand livre de 1802, le
Génie du Christianisme, qui a non seulement apporté
la gloire à son auteur, mais a révélé la force de sa
pensée et introduit sa thèse fondamentale : la religion
catholique était, de toutes les religions qui ont existé,
la plus favorable aux libertés et la plus humaine. Toutefois, les ouvrages publiés sous l'empire napoléonien
ne pouvaient aborder directement la politique : le
poème *Les Martyrs* illustrait la thèse du *Génie du
Christianisme* et l'*Itinéraire de Paris à Jérusalem* la
satisfaction qu'avait l'auteur de voir évoqué les lieux
qu'il avait pu évoquer.

La publication, en avril 1814, du pamphlet *De
Buonaparte et des Bourbons*, plaça Chateaubriand au
premier rang des écrivains politiques. Son talent contradictoire s'aiguisait dans l'adversité. *De la monarchie
selon la Charte*, écrit pour défendre la chambre introuvable, exprimait, au dire de l'auteur lui-même, son *caté-
chisme constitutionnel*. Son idéal politique allait à la
monarchie parlementaire, avec un monarque irrespon-
sable et un gouvernement conforme à la majorité de
l'opinion du pays. Les brochures des années posté-
rieures, et surtout ses brillants articles du *Conservateur*

(octobre 1818-mars 1820) furent dirigés contre Decazes et sa politique de conciliation avec la gauche libérale. Les années qui suivirent ouvrirent à Chateaubriand les allées du pouvoir, des ambassades à Berlin et à Londres au ministère des Affaires étrangères, ce qui l'amena naturellement à modérer sa verve polémique. Mais son renvoi brutal du ministère en juin 1824 la ranima avec panache. Il partagea alors avec l'opposition libérale certains thèmes de campagne, notamment sur la liberté de la presse, et accessoirement sur celle de la Grèce. Cette contre-opposition aboutit à diviser la droite, hâtant non seulement la chute de Villèle, mais aussi, contre son intention, celle de Charles X.

Face à ce courant conservateur, se dressèrent les libéraux de Benjamin Constant. De quelle illusion se nourrissait leur projet ?

Ils ne constituaient pas un groupe homogène. La majorité d'entre eux étaient monarchistes, bien que peu respectueux de la tradition, tandis que d'autres, comme Manuel et La Fayette, se réclamaient officiellement de la République ou des Bonaparte. Ils n'étaient pas aussi révolutionnaires que le supposaient les royalistes de droite : ils partageaient l'idéal de la bourgeoisie, soucieuse d'accroître ses intérêts dans l'industrie et la finance. Le régime qu'ils espéraient fonder en France était un gouvernement parlementaire inspiré du modèle anglais, ce qui les préserverait de l'intervention de l'État dans le domaine économique. La plupart de ces éléments furent développés par Benjamin Constant dans son *Cours de politique constitutionnelle* (1818-1820). Les libéraux s'illusionnaient peut-être en pensant que la protection exclusive des libertés individuelles n'aboutirait pas à la domination d'une minorité de puissants et de riches sur la majorité du peuple ignorant.

Quelle conception philosophique et politique défendaient les acteurs du juste milieu ?

Le *juste milieu* est une expression qui n'est apparue que sous la monarchie de Juillet. Sous la Restauration, le rôle des *centristes* appartient à ceux que l'on appelait les *doctrinaires*. Ils ne constituaient pas un parti en tant que tel, et n'aspiraient pas au gouvernement, mais leurs potentialités et l'éminence de leurs caractères leur valaient le respect du plus grand nombre. Leur principal orateur était Pierre-Paul Royer-Collard, dont les discours sont de remarquables morceaux d'anthologie. Pensant que la monarchie, pour se perpétuer, devait accepter les principaux acquis de la Révolution, ils s'opposaient à la fois à la tyrannie de la souveraineté populaire et à l'absolutisme royal. La succession légitime devait assurer le salut par la durée, le roi incarnant l'autorité, la tradition et l'unité de la nation, mais ils associaient ce principe avec l'égalité des droits civiques et la protection des intérêts économiques. La réussite de cette monarchie légitime trouvait son expression dans la Charte.

À la suite d'Adam Smith, les partisans du laissez faire obtinrent des succès dans la conduite des affaires économiques. Quelle influence eurent-ils sur la vie sociale ?

Le libéralisme économique, préconisé dès 1774 par Adam Smith, avait trouvé des partisans en France dès la fin de l'Ancien Régime, mais c'est la Révolution qui l'installa dans les faits, en interdisant toute restriction sur les mouvements intérieurs des biens et en abolissant les corporations, qui encadraient le travail. La loi Le Chapelier de juin 1791, condamna toute association de travailleurs d'un même corps de métier, ainsi que toute coalition visant à se procurer de moins mauvaises conditions de travail et de salaire. En outre, le régime napoléonien, en avril 1803, avait rendu obligatoire le livret ouvrier, sans lequel les travailleurs ne pouvaient espérer une embauche ni se déplacer, sous peine d'être considérés comme de vulgaires vagabonds. Sous la Restauration, le libéralisme économique trouva son meilleur interprète en la personne de Jean-Baptiste Say, qui affirmait qu'«à la tête d'un gouvernement, c'est déjà faire beaucoup de bien que de ne pas faire de mal.» Aussi, Decazes créa-t-il pour lui une chaire d'*économie industrielle* au Conservatoire des Arts et Métiers.

En fait, les anciens compagnonnages avaient pu se reconstituer, en bénéficiant de la tolérance des autorités ; mais ils ne concernaient qu'une élite d'ouvriers spécialisés, œuvrant surtout dans le bâtiment. Les industries modernes, qui se structuraient alors en adoptant le machinisme naissant, celles du textile surtout, pouvaient utiliser, sans risque, une main d'œuvre de femmes et d'enfants excessivement mal payés. Des médecins tels que les docteurs Bayard, Lachaise, Parent-Duchâtelet, Villermé, ont décrit les terribles conditions de vie dans lesquelles végétaient ces travailleurs exploités, notamment dans le faubourg Saint-Marcel à Paris, et dans les quartiers populaires des villes du Nord et d'Alsace.

Quelle réponse sociale apporta l'État royal à la misère ?

L'assistance médicale et sociale échappait en partie aux autorités municipales et préfectorales. Elle dépendait d'une administration autonome dirigée par cinq membres appointés, qu'assistait une petite structure ministérielle, comprenant un secrétaire général, cinq divisions spécialisées et des services financiers qui éditaient annuellement des comptes et des budgets d'une rare précision. Elle appliquait les décisions d'un *Conseil général des hôpitaux, hospices civils, secours à domicile*

et enfants trouvés de la Ville de Paris. L'autorité morale
et l'autonomie de cette instance était préservée par la
haute situation que les quinze membres, renouvelables
par cinquième chaque année, tenaient dans la société
ou dans l'État, et par le fait aussi qu'y siégeaient des
personnalités liées aux diverses tendances politiques.
Le service des secours à domicile était assuré par les
Bureaux de charité des douze arrondissements, chacun
divisé en secteurs placés sous la responsabilité d'un
des douze membres du bureau, que secondaient des
commissaires-visiteurs et des dames de charité. On
s'efforçait d'instituer dans chaque quartier une *maison
de charité* dans laquelle les services, dispensaire de
soins médicaux, ouvroir, école gratuite, marmite, pouvaient être rendus.

Les autorités ont, par ailleurs, encouragé les sociétés
de secours mutuel, qui se sont développées : à Paris,
on en comptait 201 en 1830, contre 80 en 1818. Dans
tous les quartiers des villes existaient, on l'a vu, des
bureaux de bienfaisance, desquels la charité privée, sti-
mulée par la religion, palliait l'insuffisance. Deux
chiffres traduisent bien l'évolution des esprits : alors
que sous l'Empire, la moyenne annuelle des dons et
legs aux hospices ne dépassait pas 994 000 F, en 1830
cette moyenne s'élevait à 3 401 000 F

*Toutes ces difficultés poussèrent certaines pensées à
élaborer des systèmes angéliques. La doctrine saint-
simonienne correspondait-elle à ce type d'élan ?*

Il n'est pas certain que la pensée de Saint-Simon ait
été inspirée par le spectacle de la vie misérable des
victimes de la civilisation industrielle sous le régime du
libéralisme triomphant. Il notait que dans la société
contemporaine, l'industrie détenait la force productive
et créatrice, alors que le pouvoir politique était resté
entre les mains des hommes de terre et de guerre, qui

dorénavant ne seraient plus utiles. L'avenir appartiendrait à la classe productrice, à laquelle on offrirait le pouvoir politique. La nouvelle société proscrirait l'oisiveté, et un nouveau christianisme, religion d'amour et de fraternité, se substituerait au catholicisme féodal.

Pouvait-on estimer son emprise ?

L'importance de Saint-Simon ne tenait pas tellement à son action, qui ne devait pas se prolonger après sa mort, survenue en 1825. Son emprise, sous la Restauration, restait limitée à un tout petit cercle parisien de disciples. Son influence durable s'explique par la richesse de sa pensée, de laquelle sont issus deux courants intellectuels qui ont irrigué tout le XIXe siècle : le socialisme et le positivisme.

La quintessence de l'utopie semble atteinte avec les phalanstères de Fourier. Comment se disposaient-ils ?

« L'harmonie universelle » résulte d'un recensement des inclinations ou passions, qui se comptent au nombre de 810. Il suffit de leur laisser libre cours pour que s'établisse, par leur jeu, un ordre vrai et enchanteur. La base de « l'ordre sociétaire » se constituera autour de la *phalange*, au sein de laquelle hommes et femmes de différents caractères se seront rassemblés, selon leurs goûts, pour effectuer sans contrainte des « travaux d'utilité commune ». Au sein du *phalanstère*, l'autorité n'existera plus ; l'unité des désirs par et pour l'intérêt général : voilà l'esprit de la pensée fouriériste. Certaines de ses vues sur la production, le commerce, l'éducation, le rôle des femmes dans la société, ont caractérisé les systèmes socialistes.

LE DÉSIR

Quels facteurs peuvent expliquer le nouvel élan démographique ?

Cet élan est indéniable : alors que la France compte environ trente millions d'habitants en 1815, elle en possède trente-deux millions quatre cents mille en 1830, ce qui représente une progression annuelle de 160 000 à 245 000 sujets. Cet accroissement de la natalité trouve une explication logique dans le retour à la paix après des années de conflits civils et militaires : les soldats démobilisés ont pu retrouver femmes et foyers. Toutefois, dès 1829, la natalité est passée au dessous du taux de 300 pour 10 000. La crise alimentaire de 1816-1817 a aussi retardé les naissances, mais le retour à une prospérité normale n'a pu que favoriser les conceptions.

Observe-t-on des différences géographiques ?

Elles sont frappantes : le minimum se trouve dans le Calvados, avec une naissance pour 43 habitants. Le maximum – une naissance pour 25 habitants – s'observe dans la Loire. Il est intéressant de constater que les proportions étaient tout autres 125 ans après : le Calvados se hissait au quatrième rang pour la natalité, alors que la Loire était descendue au vingt-cinquième rang.

Quelles étaient les habitudes alimentaires des sujets de Sa Majesté ?

Les conditions de communication, très différentes d'une région à l'autre, déterminaient de grandes disparités dans les comportements alimentaires. La couche élevée de la population parisienne – et de quelques autres grandes villes – bénéficiait d'une alimentation riche et variée, supérieure peut-être à celle des mêmes classes aujourd'hui. Mais le peuple, dans son ensemble, était beaucoup moins bien nourri que de nos jours – le pain, dont il consommait une quantité 3,5 fois plus élevée qu'aujourd'hui, demeurait la base de son régime. Après une étude approfondie de tous les éléments disponibles, un statisticien a pu conclure que les Français disposaient, entre 1815 et 1824, d'une moyenne de 1 984 calories par tête, quantité proche du seuil de la sous-alimentation. La consommation de la viande est, aujourd'hui, trois fois plus importante. Quant à l'usage du vin, le Français actuel consomme une quantité moindre que ses aïeux d'environ 50 %, 71 litres par an, contre 124 pour la période 1815-1824.

La période de la Restauration marque-t-elle une évolution gustative ?

S'il y a eu quelque changement dans ce domaine, il dépend de facteurs qui évoluent trop lentement pour pouvoir être «périodisés». On peut seulement dire que l'allongement des loisirs et l'accroissement des richesses ont pu favoriser le progrès de la gastronomie, comme en témoigne la publication en 1825 du livre de Brillat-Savarin, *La Physiologie du goût*.

Cet ouvrage a connu, jusqu'à nos jours, un succès durable. L'humour qui fait son attrait, tient sans doute au contraste entre le ton solennel de l'auteur, un magistrat de la Cour de cassation, grave et professoral, et la matérialité ordinaire des objets de ses dissertations. « La gastronomie, écrit-il, est la connaissance raisonnée de tout ce qui a rapport à l'homme en tant qu'il se nourrit. Ou encore : le sujet matériel de la gastronomie est tout ce qui peut-être mangé ; son but direct la conservation des individus... » Les chapitres intitulés « Médiations », restent toujours brefs et sont illustrés par des anecdotes admirablement troussées. Plusieurs de ses aphorismes sont passés dans le langage courant et sont utilisés sans que leur origine soit toujours connue. Par exemple : *Les animaux se repaissent ; l'homme mange ; l'homme d'esprit seul sait manger. – La destinée des nations dépend de la manière dont elles se nourrissent. – Dis moi ce que tu manges, je te dirai ce que tu es. – La découverte d'un mets nouveau fait plus pour le bonheur du genre humain que la découverte d'une étoile.*

On retiendra la définition qu'il donne de la gourmandise. « Un acte de notre jugement par lequel nous accordons la préférence aux choses qui sont agréables au goût sur celles qui n'ont pas cette qualité... Sous quelque rapport qu'on envisage la gourmandise, elle ne mérite qu'éloge et encouragement. Sous le rapport physique, elle est le résultat de l'état sain et parfait des organes destinés à la nutrition. Au moral, c'est une résignation implicite aux ordres du créateur qui, nous ayant ordonné de manger pour vivre, nous y invite par l'appétit et nous en récompense par le plaisir ».

Dans quel cadre les dérèglements sexuels pouvaient-ils s'effectuer ?

Le retour en force de l'Église a pu favoriser une certaine revalorisation de la morale familiale qu'avait mise à mal la prédominance de l'élément militaire, sous le régime napoléonien. Dès 1816, la Chambre introuvable abolit le divorce, inscrit dans le Code civil. Mais la limitation volontaire des naissances était pratiquée dans la bourgeoisie, comme dans les dernières décennies de l'Ancien Régime. Les naissances hors mariage étaient nombreuses, à Paris surtout, où l'on comptait un enfant naturel sur trois nouveaux nés. L'hospice des *enfants trouvés* ou abandonnés y recevait chaque année environ 5 500 petites créatures. En outre, la prostitution s'exerçait en toute légalité dans 163 maisons de tolérance patentées par la police. Et la préfecture avait mis en place un bureau spécial où étaient inscrites 2 653 *filles en carte* qui pratiquaient leur métier au Palais-Royal et autres lieux, sous la surveillance d'une douzaine d'inspecteurs.

Les contrôles étaient-ils efficaces ?

Probablement non. Certaines estimations portent le nombre des irrégulières à cinq ou six fois celui des prostituées *en carte*. Ces clandestines pouvaient rencontrer les clients dans les hôtels borgnes, ou même à tout vent dans les terrains vagues de la capitale.

Quelle position le crime tenait-il dans la cité ?

D'octobre 1815 à juillet 1821, la police parisienne avait livré aux tribunaux 17 900 criminels et avait arrêté en outre 17 619 délinquants divers. Constater que la grande ville était un réceptacle et une fabrique de criminels, tenait alors du lieu commun. « Paris, écrivit le préfet de police Anglès en 1821, est plus qu'il n'a jamais été le rendez-vous de toutes les personnes corrompues, tarées, repris de justice, sans moyen d'existence... C'est au milieu de son immense population qu'ils ont plus de chances de succès et où ils espèrent plus facilement échapper aux recherches et à la surveillance».

Parmi les malfaiteurs arrêtés par la gendarmerie de la Seine, on comptait de nombreux déserteurs : 1 500 individus sur 13 500 arrestations de 1821 à 1829, soit 11,7 %. Les plus dangereux des hors-la-loi étaient les forçats libérés qui retournaient se cacher dans la capitale en dépit de toutes les interdictions.

Les cours d'assises ont connu annuellement, de 1826 à 1830, 589 cas d'homicides volontaires et 305 cas de viols et attentats à la pudeur, c'est-à-dire moins d'un cas par jour. Sans faire d'analogies prématurées, on peut noter qu'en 1996, nos contemporains ont eu à subir 81 atteintes aux bonnes mœurs par jour. Notre population actuelle est certes deux fois plus importante, mais cela ne suffit pas à expliquer une différence aussi considérable. Autre temps, autres mœurs ?

Dans le même temps, les tribunaux correctionnels jugeaient annuellement 12 576 cas de vols simples. La presse, par ses comptes rendus, flattait le goût d'un public avide de sensationnel, attentif à tout ce qui sortait de l'ordinaire. À cet égard, l'affluence du public aux procès de criminels exceptionnels est très révélatrice, ainsi que son empressement aux exécutions publiques sur la Place de Grève.

À côté de ses aspects charnels et criminels, l'élément éducatif souffre d'un certain manque d'intérêt. Dans quelle proportion l'expression écrite et la lecture étaient-elles pratiquées ?

Une estimation fiable fournie par la *Société de statistique universelle* de Paris montre que cinq Français sur sept étaient illettrés. L'éducation des filles était bien plus négligée que celle des garçons. Sur l'ensemble des jeunes hommes de la classe de 1829, examinés pour le service militaire, on en a trouvé 52 % totalement illettrés. Ceux qui savaient lire donnaient la priorité aux journaux, qu'on lisait souvent en commun. D'autre part, il existait dans les grandes villes, et surtout à Paris, des cabinets de lecture, où l'on pouvait soit venir consulter les journaux, soit emprunter pour quelques sous les ouvrages qu'on voulait lire.

Quelles mesures ont été prises par les institutions pour remédier à ces déficiences ?

On ne voit pas que l'éducation du peuple ait donné lieu à des efforts spécialement suivis. Mais l'enseignement technique était fortement soutenu. À côté de grandes institutions comme l'École polytechnique, l'École des Mines est reconstituée en 1816, et le Conservatoire des Arts et Métiers réorganisé en 1819. Il existait aussi des fondations privées comme l'École spéciale de Commerce et d'industrie, ou l'École centrale des Arts et manufactures, fondées respectivement en 1820 et 1828. Une Société d'encouragement pour l'industrie nationale et la Société industrielle de Mulhouse, se préoccupaient des applications des sciences à l'Industrie. De jeunes cadres hautement qualifiés se substituaient peu à peu à la première génération de capitaines d'industrie, dont l'empirisme était la première qualité.

L'État aidait les industries en appliquant des tarifs protectionnistes qui touchaient les importations de matière premières, et plus encore les produits manufacturés. Le défaut de concurrence a peut-être freiné le progrès économique.

L'enrichissement était-il la principale fin poursuivie par les familles ?

Comme en tous temps et tous pays, chaque famille essayait d'améliorer son ordinaire. Toutefois, la richesse mobilière ne revêtait pas, aux yeux des Français, une valeur comparable à celle de la terre, expression de la respectabilité sociale et de l'influence politique. Ainsi, les familles de grands propriétaires terriens se contentaient de gérer traditionnellement les revenus de leurs fermes et de leurs bois.

À l'aide de quels procédés la fortune pouvait-elle se constituer ?

C'était principalement dans les opérations de banque que se réalisaient les fortunes rapides : surtout celles sur les emprunts d'États, que l'on rachetait en bloc, à des prix relativement bas, et que l'on vendait ensuite au détail, avec un bénéfice. Les banquiers Laffitte et Rothschild étaient passés maîtres dans ces combinaisons. De même le financier Ouvrard (1770-1846). Dès l'époque du Directoire, celui-ci avait acquis, comme munitionnaire des armées, la réputation d'un financier toujours prêt à fournir les fonds nécessaires aux gouvernements confrontés à des difficultés. Napoléon avait recouru plusieurs fois à ses services. Sous la Restauration, l'animosité du ministre des Finances, le baron Louis, le tint d'abord à l'écart des affaires, mais le duc de Richelieu utilisa ses compétences pour régler les indemnités de guerre que nécessitait la libération du territoire. Il intervint encore lors de la campagne du duc d'Angoulême en Espagne, en 1823, en se substituant à l'administration du ministère, incapable de soutenir le corps expéditionnaire. Les expédients utilisés donnèrent lieu, par la suite, à des protestations qui valurent à Ouvrard de passer cinq ans en prison.

Dans une telle configuration économique, quelle place se réservait la corruption ?

Dans de telles conditions, les renseignements obtenus à l'avance sur la politique qu'on envisageait de mener, pouvaient prêter à des combinaisons qui s'apparentent à la corruption. Cependant, vu la probité scrupuleuse de la plupart des dirigeants politiques, la Restauration n'a pas donné lieu à de telles opérations scandaleuses et apparaît comme une période relativement *honnête* par comparaison avec le régime de la monarchie de Juillet.

LA HARDIESSE

*Après avoir été mise au ban des nations européennes,
la France s'employa à retrouver sa capacité politique ;
problème que le contexte espagnol allait contribuer à
résoudre. Quelle fut l'origine du conflit ?*

Les vainqueurs de 1815 avaient renoué leur alliance,
au Congrès d'Aix-la-Chapelle de novembre 1818, contre
de nouveaux errements français, mais ils l'avaient
contractée sous le couvert d'un accord secret. En même
temps, ils offraient à la France de prendre part « à leurs
délibérations présentes et futures, consacrées au maintien de la paix, des traités sur lesquels elle repose, des
droits et des rapports mutuels établis ou confirmés par
ces traités ».

C'était dans ce cadre que la France avait eu la possibilité d'assister aux congrès de Troppau et de Laibach,
au cours desquels l'Alliance s'était occupée des mouvement révolutionnaires qui visaient à installer des
régimes constitutionnels libéraux dans les royaumes de
Naples et de Piémont-Sardaigne. L'Autriche, seule en
état d'intervenir militairement, avait maté ces révoltes,
en dépit des objections de la France. Mais dans le cas

de l'Espagne, les conditions géographiques empêchaient la moindre intervention sans le concours du gouvernement français. Celui-ci avait d'abord adopté une position de neutralité vis-à-vis du régime constitutionnel qu'avait imposé à Ferdinand VII, en 1820, le *pronunciamiento* des troupes mobilisées pour restaurer l'autorité du roi d'Espagne sur les colonies d'Amérique. Mais en juillet 1822, la situation s'était dangereusement aggravée : des éléments absolutistes avaient tenté, avec la complicité du roi et des militaires, de reprendre en main des affaires publiques contre les libéraux. Leur échec ayant conduit au pouvoir les extrémistes de gauche, les provinces royalistes du nord – Catalogne, Aragon, Navarre – s'étaient alors insurgées contre Madrid, établissant à la Seo d'Urgel une régence au nom du roi, virtuellement prisonnier.

La France pouvait d'autant moins ignorer ces événements que la liberté et la vie d'un roi de la famille des Bourbons étaient menacées. Dès l'année précédente, il avait été décidé de réunir un congrès européen à Vérone avant la fin de 1822. Le tsar Alexandre, en dépit des remarques de Metternich, avait l'intention de recourir à l'Alliance pour éteindre le foyer révolutionnaire. Le ministère français, tout royaliste qu'il fût, se divisa sur l'attitude à suivre. La droite, inspirée par les Chevaliers de la Foi, considérait que la France devait prendre elle-même l'initiative de ramener l'ordre monarchique espagnol par une expédition militaire, en comptant sur l'appui hypothétique des autres puissances de l'Alliance. Mais la prudence comptable de Villèle s'opposait à une opération d'envergure nationale, qui obérerait l'équilibre des finances.

En conséquence, le ministre des Affaires étrangères, Montmorency, obtint, pour le congrès de Vérone, des instructions qui l'invitaient à sauvegarder, en tout état de cause, l'indépendance de décision de la France.

Mathieu de Montmorency au Congrès de Vérone suivait-il les instructions de Villèle ?

À Vérone, comme à la réunion préparatoire qui se tint à Vienne, Montmorency, en qualité de ministre des Affaires étrangères, pouvait se croire fondé à traduire les instructions de Villèle. Ainsi, en échange de l'assurance d'une aide éventuelle des Alliés, accepta-t-il de les associer plus étroitement aux actions diplomatiques qui devaient précéder l'intervention, ce que ni Villèle, ni Louis XVIII ne tolérèrent. Montmorency, ainsi désavoué, démissionna. Villèle, pour calmer la droite, fit appel à Chateaubriand, qui, partisan de l'ingérence, avait fait semblant de se laisser convaincre par Villèle. Une fois au ministère, Chateaubriand put se prononcer pour une intervention et sut combiner magistralement la manœuvre face à l'opinion française et à la vigilance inquiète des Alliés. Il importait en effet de présenter l'affaire sous l'avers et le revers d'une même pièce : d'une part au public français, travaillé par la propagande chauvine, comme une action toute nationale qui devait rehausser le prestige de nos armes ; d'autre part aux grands alliés, dont il fallait s'attirer les faveurs face à la grogne anglaise, comme une opération d'intérêt général contre les ferments révolutionnaires. Chateaubriand s'accommodait fort bien de ce type de double jeu, et l'on peut comprendre qu'il s'en soit fait gloire dans son opuscule *Le Congrès de Vérone* (1838) et ses *Mémoires d'outre-tombe.*

Comment se déroula la délicate intervention militaire française en Espagne ?

Depuis la fin de 1822, déjà, des troupes avaient été concentrées à proximité de la frontière espagnole, sous l'appellation de *corps d'observation*. Au milieu de janvier 1823, le roi offrit à son neveu, le duc d'Angoulême, le commandement du corps expéditionnaire français. Les subsides votés par les chambres, les préparatifs s'accéléraient. Le corps commandé par le prince, et rassemblé à Bayonne, devait passer la Bidassoa et faire route sur Madrid. Un 2e corps, dirigé par le maréchal Moncey, devait pénétrer en Catalogne ; entre les deux, le général Molitor devait traverser les Pyrénées par Saint-Jean-Pied-de-Port, avec comme objectif Saragosse. L'entrée du Prince généralissime eut lieu le 7 avril : sur la rive espagnole de la Bidassoa s'était porté une poignée d'anciens militaires qui, munis de drapeaux tricolores, espéraient provoquer une révolte dans les troupes françaises ; ils disparurent sous la canonnade.

De la frontière jusqu'à Madrid, dont le duc d'Angoulême franchit les portes le 24 mai, ce fut presque une promenade militaire. Les Français profitaient du zèle des royalistes espagnols, motivés par la régence établie à la Seo d'Urgel. Une considération matérielle favorisait aussi l'avance de l'armée : le financier Ouvrard avait habilement réussi à se faire accorder l'intendance de l'armée française. Dans chaque localité où elle arrivait, il faisait acheter, à prix d'or immédiatement versé, toutes les denrées. Cette conduite, qui contrastait avec la brutalité des réquisitions des armées impériales, devait étonner les Espagnols.

Tandis que le duc d'Angoulême entrait à Madrid, rendue par une capitulation des généraux de l'armée constitutionnelle, le roi Ferdinand, pratiquement prisonnier, avait été emmené à Cadix, où s'étaient enfermés les membres des Cortes avec l'espoir d'y recevoir l'aide des Britanniques. L'armée française organisa alors le blocus de la ville, où le duc d'Angoulême fut à partir du 16 août. Avant d'y arriver, il avait dû rédiger, à Andujar, une ordonnance qui obscurcissait un peu ses rapports avec les royalistes espagnols et déclenchait par là même une controverse en France et en Europe. Écœuré par les représailles que subissaient les partisans du régime constitutionnel, le Prince avait ordonné le 8 août qu'aucune arrestation n'aurait lieu sans l'autorisation des commandants français des localités concernées. Devant Cadix, le blocus s'achevait par une brillante opération qui permit aux Français de se rendre maître du Trocadero, principale défense de la ville, ce qui contraignit le gouvernement des Cortes à capituler. Ferdinand VII était désormais libre. Le 1er octobre 1823, le roi et sa famille furent cérémonieusement reçus à Puerto-Santa-Maria par le duc d'Angoulême.

Par la suite des garnisons françaises demeurèrent dans une dizaine de villes espagnoles jusqu'en 1828, pour préserver de toute sédition la monarchie restaurée.

Quel avantage politique le gouvernement Villèle tira-t-il de ce succès ?

Comme il a été précédemment indiqué, Villèle ne manqua pas l'occasion de profiter du succès militaire de la France en Espagne pour organiser des élections générales, qui lui apportèrent une majorité massive.

Mais après cette réussite pourquoi Villèle continua-t-il à opter pour une politique extérieure passive ?

On peut d'abord chercher les raisons de cette passivité dans le caractère même de l'homme, qui se méfiait de tout ce qui pouvait obérer les finances de l'État. Probablement était-il aussi préoccupé par les opérations liées à l'indemnisation des émigrés et par la dégradation générale de sa position au Parlement.

Le soulèvement de la Grèce déclencha en France de nombreuses manifestations de sympathie. Quelle attitude adopta le ministère Villèle ?

Son attitude fut très prudente devant la question que soulevait le mouvement d'indépendance de la Grèce. Concéder aux Grecs insurgés une protection européenne, aurait eu l'inconvénient de consacrer le principe des nationalités, contre lequel on était intervenu en Espagne. Mais d'un autre côté, pouvait-on abandonner au désespoir un peuple chrétien, menacé d'entière extermination ? Par ailleurs, l'Angleterre et l'Autriche ne voulaient pas affaiblir l'empire turc ; et, sur le plan intérieur, la cause des Grecs servait de lien entre la contre-opposition de droite et la gauche libérale

Jusqu'à la mort d'Alexandre Ier, l'indépendance de la Grèce demeura à l'état de question pendante, ce qu'expliquait la phobie du tsar pour l'idéologie révolutionnaire. Les choses évoluèrent avec l'avènement de Nicolas Ier, doué d'une plus grande sensibilité et qu'entreprenait le clergé orthodoxe, favorable aux Grecs.

Une nouvelle intervention paraissait inéluctable. Comment se développa l'entreprise ?

Pour pallier le risque d'une intervention russe en Turquie, le gouvernement anglais décida de s'entendre avec le tsar pour imposer, par un blocus, les termes d'un armistice qui devait conduire à faire reconnaître l'autonomie de la Grèce, par le traité de Londres, le 6 juillet 1827. La France fut invitée à s'y joindre. Cependant, le sultan turc avait reçu le soutien de son puissant vassal, le pacha d'Égypte Mohammed-Ali, dont les troupes entraînées à l'Européenne, débarquèrent en Morée sous le commandement de son fils Ibrahim pacha, dévastant tout sur leur passage. Les alliés expédièrent leurs flottes avec l'intention de réaliser une *démonstration* navale dans les eaux de la Morée. Dans la rade de Navarin, ils rencontrèrent la flotte égyptienne d'Ibrahim et la détruisirent complètement. Dès lors, l'armée égyptienne, coupée de ses bases, était esseulée. Le sultan, vexé, déclara la guerre sainte, ce qui permit aux troupes russes de pénétrer sur le territoire turc. Toutefois, l'Angleterre, soutenue par l'Autriche, refusait le démantèlement de l'empire ottoman. Se dirigeait-on vers une guerre générale ?

La Ferronnays, titulaire des Affaires étrangères dans le ministère Martignac, suggéra un compromis : la Grande-Bretagne ne s'opposerait pas à la liberté d'action russe dans la région danubienne, tandis qu'elle accepterait de se retirer de l'affaire grecque au profit d'une médiation armée franco-britannique, dont la France se chargea seule, les Britanniques étant empêchés par leurs difficultés intérieures. Un petit corps expéditionnaire de 10 000 hommes débarqua en Morée au début de septembre 1828, sous le commandement du général Maison, qui parvint à convaincre Ibrahim de retirer ses troupes sans combattre. Avec la Morée, la France possédait une caution qui devait lui permettre de faire valoir son point de vue aux conférences de Londres, au début de 1829. On y établirait l'autonomie de la Grèce, sous la suzeraineté nominale du sultan, mais sous l'autorité réelle d'un prince chrétien.

Avec l'arrivée de Polignac aux affaires, un projet diplomatique fut établi. Quel était il ?

Ce projet, établi par Bois le comte, directeur des affaires politiques de son ministère, ne représentait pas autre chose qu'un plan de partage de l'Empire ottoman, complété de remaniements territoriaux en Europe : la Grèce s'étendrait jusqu'à Constantinople et aurait pour souverain le roi des Pays-Bas, dont le royaume serait divisé entre la Prusse, qui obtiendrait la partie nord néerlandophone, et la France, qui pourrait annexer la Belgique ; la Russie occuperait la Moldo-Valachie et une partie de l'Asie mineure ; l'Autriche recevrait la Serbie et la Bosnie ; la Prusse annexerait le royaume de Saxe qu'elle avait convoité en 1815, mais abandonnerait ses territoires de Rhénanie, qui formeraient un État-tampon sous la souveraineté du roi de Saxe. Quant à la Grande-Bretagne, elle se verrait attribuer les colonies portugaises. Par ce « projet » grotesque, Polignac espérait annuler les effets des traités de 1815, et donner ainsi à Charles X une aura qui le placerait hors d'atteinte des oppositions intérieures. Mais cela supposait d'énormes bouleversements, que l'Europe n'avait aucune raison d'accepter. Lorsque l'ambassadeur français, le duc de Mortemart, entreprit d'exposer le projet au tsar, celui-ci l'arrêta dès les premiers mots.

En novembre 1829, le sort de la Grèce fut définitivement réglé par une conférence des trois alliés russe, anglais et français, à Londres. L'indépendance totale du pays hellène était reconnue ; en compensation, ses limites au nord étaient fixées légèrement en deçà de celles du protocole du 22 mars précédent. Et le candidat pour la couronne était celui que préconisait l'Angleterre : le prince Léopold de Saxe-Cobourg.

En cette année 1830, la situation intérieure française était difficile ; néanmoins l'expédition d'Alger fut conçue et préparée. À quel intérêt répondit-elle ?

Ce sont précisément les difficultés que rencontraient à l'intérieur le gouvernement de Polignac qui jouèrent de façon décisive dans la décision de lancer une expédition contre Alger. Les graves insultes que la France avait subies de la part du dey d'Alger appelaient certainement une vive réaction, que rejoignaient les protestations des royaumes italiens, soucieux d'être délivrés des rapines de la piraterie algéroise. C'est, apparemment, la politique intérieure qui en détermina le moment. Après l'échec de son grand projet de règlement de la question d'Orient, Polignac souhaitait apporter à son gouvernement l'éclat d'une victoire militaire. L'expédition, décidée à la fin de janvier 1830, fut efficacement préparée par le ministre de la Marine, Charles d'Haussez. Les opérations se déroulèrent en juin, sous le commandement du ministre de la guerre, Louis de Bourmont. La capitulation d'Alger du 5 juillet fut un brillant succès.

La prise d'Alger eut-elle des conséquences politiques ?

Si Polignac avait espéré que la réussite désarmerait l'opposition, il devait être vite détrompé. Lors des élections qui eurent lieu du 13 au 19 juillet, les candidats du ministère furent défaits. De plus, les premiers résultats de l'expédition d'Alger, entreprise en dépit de la double opposition des libéraux à l'intérieur et de l'Angleterre à l'extérieur, incitèrent le roi à faire preuve de la même fermeté en politique intérieure, pour culbuter ses adversaires. Enfin, l'issue des combats dans Paris, à la fin de juillet 1830, aurait sans doute été différente si le roi avait pu disposer des 30 000 hommes aguerris du corps expéditionnaire, coincé de l'autre côté de la Méditerranée.

Quel bilan pouvons-nous dresser de la politique étrangère des Bourbons ?

Sur ce plan, les gouvernements des deux derniers Bourbons n'ont pas failli. Ils ont sauvé tout ce qui pouvait l'être de la situation désastreuse héritée de l'Empire.

Quelques années suffirent à effacer les humiliations de la défaite, et la France put de nouveau prétendre en Europe à la place qui correspondait à la réalité de sa puissance. À trois reprises, comme nous venons de le voir, son souci d'indépendance et l'efficacité de son arsenal politique et diplomatique lui permirent de reprendre l'initiative : lors de son intervention en Espagne en 1823, puis en contribuant à l'indépendance de la Grèce, et enfin lors de la conquête d'Alger, contre le vœu de l'Angleterre.

LA PAROLE

Dans une société où l'illettrisme est le fait du plus grand nombre, la place qui revient au verbe paraît considérable. De son exercice, dépendent information, querelles et divertissements. Qu'en pensez-vous ?

Votre observation me paraît tout à fait pertinente. La Restauration est peut-être même le moment du xixe siècle où la parole a eu la plus grande importance, entre l'Empire, où la crainte de la police bâillonnait les opinions, et les régimes postérieurs à 1830, où l'usage plus libre et plus abondant de la parole, ainsi que le développement du journalisme, devaient, pour ainsi dire, amortir quelque peu l'impact, ou l'utilité, de la simple *parole parlée*.

On estime qu'en 1832, cinq Français sur sept sont illettrés. L'image, aujourd'hui toute puissante, n'existe alors que pour les privilégiés qui peuvent acheter des gravures, la lithographie, beaucoup plus accessible, venant seulement de naître. La parole occupe alors les veillées, où les vieux soldats entretiennent, par leurs récits de campagnes, le culte napoléonien ; elle anime les salons, où se forment les opinions politiques et les modes littéraires ; elle y fait et défait les réputations ; elle alimente les discussions de cabaret, où se façonne ce qu'on appelle l'opinion publique ; elle retentit dans les églises où se prêchent les missions ; elle est pour ainsi dire institutionnalisée dans le cadre des Académies de l'Institut, et sur le modèle de celles-ci fleurissent dans les villes de province les sociétés savantes : un relevé de 1832 en comptera 297. À Paris, L'Athénée offre des conférences et des cours. Sur ce même modèle et pour combattre sa tendance libérale, naîtra en 1823 La Société des bonnes lettres. Le public, intellectuel ou pas, se divertit au théâtre, où l'on déguste avec gourmandise les allusions à la politique : tous les gouvernements ont été conscients de son importance et ont imposé un mécanisme de censure.

Au delà du simple parler, se profile la puissance de conviction et d'imagination, et pour l'action politique elle demeure essentielle. Dans quel cadre ce discours peut-il être entendu ?

Le cadre essentiel de la parole politique est évidemment le Parlement. On va y revenir. Il est d'autant plus essentiel que les endroits où l'on peut parler publiquement de politique sont plus rares. En effet, la législation ne prévoit pas de statut pour ce qu'on appelle aujourd'hui les *meetings,* réunions libres de gens qu'une même opinion réunit ou qui défendent un même programme. Les sessions des conseils généraux sont restreintes dans le temps et accaparées par les examens budgétaires. En dehors de l'enceinte des chambres, se présentent deux occasions où l'on peut aborder en public et impunément les questions politiques : d'une part les assemblées électorales, où le président – nommé du reste par le gouvernement – introduit les opérations par un discours propre à mar-

quer l'opinion. Et d'autre part les banquets : c'est une
coutume encore rare, importée des pays anglo-saxons :
sous couleur de trinquer ensemble, on prononce et on
écoute des *toasts*, qui souvent s'étirent en vrais discours. Mais sous la Restauration, on est encore loin de
la pratique qui devait animer en 1848 la *campagne des
banquets*, fatale au régime de Louis-Philippe.

Marlet, dans ses Tableaux de Paris, *saisit une scène
de la vie parlementaire. Les éléments qui y figurent ne
manquent pas d'intérêt.*

À la différence du parlement britannique, les orateurs
ne parlent pas de leur place, mais montent à une tribune élevée, qui incite en elle-même à l'emphase. Les
frétillements de l'orateur montrent qu'il vient de déco-
cher une attaque à la droite, dont on voit le mouvement de protestation. Droite et gauche se définissent
par rapport au président de séance. Une large allée
divise nettement l'assemblée en deux parties, mais cela
ne suffira pas à identifier les positions : ainsi trouvera-
t-on, de part et d'autre de cette allée centrale, un *centre
gauche* et un *centre droit*. Les statues, dans les niches
encadrant la tribune, représentent les grands orateurs
ou législateurs de l'antiquité : d'un côté les Grecs
(Lycurgue, Solon, Démosthène), de l'autre les Romains
(Brutus, Caton, Cicéron). Plus curieux est le trio de
bustes que l'on voit derrière la tribune : ils figurent
Louis XVI, le roi régnant Louis XVIII et, ce qui était
moins évident pour les spectateurs, le buste d'un
Louis XVII de fantaisie, placé là pour souligner la légitimité de la succession monarchique.
    Est visible, aussi, l'inconfort de la salle, bâtie à la
hâte à la fin de 1797, pour l'assemblée des Cinq-Cents
de la Constitution de l'an III. Les députés n'ont pas de
pupitres. Les tribunes du public sont placées bien haut

et ne peuvent contenir que 300 spectateurs. On se souvient d'un temps où les législateurs avaient appris à
craindre les visites du peuple...

*Quelles étaient les tendances représentées au
Parlement ?*

Je viens d'expliquer l'origine des expressions *centre
droit* et *centre gauche*. Les ultraroyalistes ne s'étique-
taient pas ainsi, mais se disaient *royalistes purs*. Dans la
chambre élue en 1816, le *centre droit* soutenait générale-
lement la politique du duc de Richelieu, que récusait
comme trop tiède la faction de la droite extrême que
l'on qualifiait de *pointus*, parce qu'ils siégeaient à la
pointe des sièges de droite de l'hémicycle. À gauche,
les libéraux se disaient *indépendants*, c'est-à-dire indépendants du ministère, alors mené par Decazes, tandis
que le *centre gauche* acceptait son orientation.

Dans la chambre élue au printemps de 1824, il n'y
eut d'abord que des *royalistes*, ou presque, l'opposition libérale étant réduite à 19 députés sur 430 ; puis
les adversaires de Villèle se formèrent en *contre-opposition* aux *ministériels*, surtout après la destitution de
Chateaubriand. Lors de la formation du ministère dit
de Martignac, une fraction de cette contre-opposition
décidant de soutenir cette tentative, et suivant l'inspiration du député Agier, se détacha de la contre-opposition
et fut répertoriée sous le nom de *défection*, dénomination que beaucoup d'historiens ont confondu avec
la contre-opposition, formation plus vaste et plus
ancienne, puisqu'elle était née sous Villèle.

Les discussions étaient-elles animées ?

Les discours étaient normalement écrits avant d'être
exposés à la tribune, les discussions animées ne pou-

vaient donc qu'être rares, et plus rares encore les empoignades, comme on devait en voir en d'autres temps et en d'autres pays. On se trouvait entre gens appartenant au même milieu social, qui auraient considéré comme indignes d'eux de s'abaisser à des voies de fait et d'utiliser des mots grossiers. Il n'empêche que les comptes rendus du *Moniteur* font parfois état d'interruptions. On peut croire aussi qu'au cours de discours un peu longs, des apartés pouvaient se produire sur les sièges.

Les débats à la chambre haute étaient-ils encore moins agités ?

Les débats de la Chambre des pairs ne donnaient pas lieu à des comptes rendus explicites, mais seulement à des résumés. On n'a donc pas la possibilité de savoir quel était leur style. On peut seulement présumer qu'ils étaient gouvernés par un décorum plus marqué.

À chaque défenseur d'une thèse correspondaient des figures emblématiques. Quelles étaient-elles ?

L'opinion libérale de gauche devait être de plus en plus incarnée par Benjamin Constant, un des seuls hommes de son parti qui fût capable d'improviser. La Fayette, le patriarche des libéraux, ne siégea à la chambre que de 1817 à 1824. Manuel, député de la Vendée, devint pour le parti libéral de gauche une figure emblématique à la suite de l'incident de 1823, lorsque la majorité vota son expulsion. Casimir Périer représente l'élément le plus tempéré de l'opposition de gauche. Le centre gauche eut pour principal orateur Pierre-Paul Royer-Collard, et le centre droit, Joachim Lainé. La droite royaliste opposée à Decazes se donna pour chefs incontestés Villèle et Corbière, mais lorsqu'ils furent au pouvoir, ils devinrent eux-mêmes les cibles privilégiées de la contre-opposition, dont l'animateur était le comte François-Régis de la Bourdonnaye, le chef des *pointus*. Au dessus de la mêlée planait le théoricien respecté du parti : Louis de Bonald.

Quel portrait pouvons-nous tirer de Royer-Collard ?

Pierre-Paul Royer-Collard était né en 1763, à Sompuis, dans la Marne, dans une famille de tradition janséniste. Il avait donc cinquante-deux ans en 1815, quand débuta sa carrière parlementaire. Il avait terminé ses études classiques au collège de Saint-Omer, alors tenu par les Frères de la doctrine chrétienne, ou Doctrinaires ; d'où l'attribut qui devait lui être attaché plus tard, en raison du caractère de ses propos. En 1787, il était entré au barreau de Paris. Au début de la Révolution, il adopta ses principes, mais se garda par la suite de ses excès. Comme habitant et citoyen du quartier de Saint-Louis-en-l'Isle, il fut même membre de la première commune de Paris.

Réfugié à Sompuis pendant la Terreur, il revint ensuite à Paris et fut élu, en 1797, membre de l'assemblée des Cinq-Cent, où il fit sensation par un discours sur la liberté des cultes. Lors du coup d'État de fructidor, le Directoire annula son élection. Royer-Collard entra alors en relation avec des agents de Louis XVIII et fournit au Roi un bulletin périodique. L'avènement du Consulat mit provisoirement fin à son attente et pour meubler ses loisirs, il étudia la philosophie. C'est alors qu'il découvrit la pensée du philosophe écossais Thomas Reid, et se fit, en France, le diffuseur de cette doctrine, qui contredisait le scepticisme de Hume et le sensualisme de Locke et de Condillac, qu'acceptait la majorité des universitaires français. Fontanes, ayant découvert les premiers essais de Royer-Collard, le fit

nommer à la chaire de philosophie de la Faculté des
Lettres de Paris. Sous la Restauration, Royer-Collard inspira la réorganisation de l'Université et fut nommé président de la
commission qui exerça les fonctions de Grand Maître.
En même temps, il fut élu député par les électeurs du
département de la Marne. Il manifestait sa sourcilleuse
indépendance en refusant tout titre de noblesse, disant
«On peut avoir assez de dévouement pour oublier cette
impertinence». À la chambre, il représenta la nuance de
centre-gauche, qui acceptait franchement la monarchie
mais prétendait en concilier le principe avec les acquisi-
tions essentielles de la révolution. Le petit groupe de
partisans qui suivaient ses inspirations était connu sous
l'appellation de *Doctrinaires.* Plus tard, il se rangea dans
l'opposition à Villèle, mais resta toujours respectueux de
la Couronne. Ses discours, rares mais soigneusement
travaillés, avaient un grand retentissement : ainsi de
ceux sur les projets de lois contre les sacrilèges, contre
la liberté de la presse, sur l'hérédité de la pairie...
Barante, qui les a publiés, écrit : «Royer-Collard ne
voulut rien être. L'autorité croissante de sa parole, le
sentiment permanent de sa considération personnelle
lui donnaient plus de satisfaction que n'aurait pu le faire
l'exercice éphémère du pouvoir. Il se sentait instinctive-
ment plutôt né pour juger que pour agir, pour démontrer le mouvement que pour marcher. Conduit à la
politique par l'enseignement et la philosophie, il ne fit
que changer de chaire et borna volontairement son rôle
à ramener la science du gouvernement aux principes de
la morale et à rappeler les hommes d'État au sentiment
de la dignité humaine... Son langage, plus vigoureux
que souple, est plus propre à démontrer qu'à persuader,
à éclairer qu'à échauffer... Son éloquence... à moins l'air
d'exprimer des opinions que de prononcer des arrêts.»

L'image que l'on garde de Royer-Collard est le plus souvent celle, caricaturale, qu'en a donnée Daumier dans une célèbre lithographie des célébrités politiques de la monarchie de Juillet : un vieil homme au visage engoncé dans sa haute cravate, mais une lithographie datant de 1818 montre l'homme dans la force de l'âge et sûr de soi, le visage plein, avec une expression de fermeté sévère et de sérénité. L'auteur de la *Biographie pittoresque des députés* le décrit comme « un petit homme de cinquante ans, la tête ornée d'une perruque châtain clair, ayant le nez grave, les yeux bleus, les joues colorées comme avec du fard, et marchant d'un pas réfléchi sur deux jambes arquées ».

Et La Bourdonnaye ?

François-Régis de la Bourdonnaye, né en 1767, près de Beaupreau, avait donc presque quinze ans de moins que Royer-Collard. Lors de la Révolution, il était officier dans l'armée royale et il ne tarda pas à émigrer pour servir dans l'armée de Condé. Rentré en France sous le consulat, il aurait pu servir l'empereur : déjà, il avait été nommé maire d'Angers ; mais on lui avait refusé le siège de sénateur qu'il postulait. Depuis, il s'était impliqué dans les conspirations royalistes. En 1815, il fut élu député du Maine-et-Loire à la Chambre introuvable et fut ensuite constamment reconduit comme représentant de ce département. Il se fit connaître en février 1816, lors de la discussion de la loi d'amnistie proposée par Richelieu, en proposant d'exclure de son bénéfice trois catégories de personnes, qui, selon lui, méritaient les châtiments les plus sévères. Les journalistes le désignèrent alors comme « l'homme des catégories ».

Tous les gouvernements suivants trouvèrent en lui un critique amer et sans nuance, qui déclarait que l'opposition est « inhérente au gouvernement représen-

tatif et que sans opposition ce gouvernement ne serait
qu'une tyrannie organisée ». Polignac, dans la constitution de son ministère, réussit à lui faire accepter le
portefeuille de l'Intérieur. On s'attendait de sa part à
des mesures énergiques, mais ce grand démolisseur
fit montre d'une totale incapacité administrative et,
en outre, devint vite insupportable à ses collègues.
Ceux-ci trouvèrent le moyen de se débarrasser de lui :
La Bourdonnaye ayant exigé la suppression de la présidence du Conseil comme condition à sa participation
au gouvernement, ils proposèrent, en novembre 1829,
de la rétablir. Le ministre de l'Intérieur démissionna
aussitôt, en déclarant : « Quand je joue ma tête, j'aime à
tenir les cartes. » En compensation, il devait recevoir le
titre de ministre d'État et un siège à la Chambre des
pairs, avec une confortable pension de 12 000 F.

Celui qu'on appelait le « jacobin blanc », ou le « tigre à
froid », est ainsi dépeint en 1820 par l'auteur d'une
Biographie pittoresque des députés : « M. de La Bourdonnaye n'a pas reçu de la nature toutes les qualités, même
les qualités extérieures qui conviennent à un orateur
violent... Il marche à la tribune de son pas ordinaire,
comme il irait à son lit, il avale d'un trait le verre d'eau
sucrée, apparemment pour calmer l'agitation de ses
nerfs, il déroule son manuscrit en promenant sur
l'assemblée ses yeux petits et enfoncés ; puis il débite
d'un ton mélancolique et d'une voix nasillarde une
longue diatribe, où les fleurs oratoires sont jetées avec
profusion, mais il est difficile de les distinguer dans la
monotonie d'une déclamation qui ressemble à une
psalmodie de plain-chant... Son action oratoire répond
parfaitement à son débit : de la main gauche il tient
son cahier, et sa droite est occupée à un geste très fati-
gant, qui consiste à poser la main sur la tribune, et de
la jeter ensuite devant lui, comme s'il ramassait des

pierres et les lançait au banc des ministres... les joues s'enflent au commencement d'une phrase et se creusent à la fin.

M. de La Bourdonnaye a la partie supérieure de la tête chauve ; depuis quelque temps il porte un faux toupet, ce qui nuit beaucoup à l'effet pittoresque du personnage. Je l'aimais mieux avec les deux touffes de cheveux crépus qui ornaient chaque côté de sa tête, au dessus de l'oreille, comme les ailes de Mercure. »

Somme toute, le personnel politique de la Restauration pratiquait la probité. À quelles raisons devons-nous rattacher cet heureux phénomène ?

Que la probité de ce personnel constitue une sorte de phénomène, cela peut se soutenir, quand on compare ses mœurs avec celles du personnel de la monarchie de Louis-Philippe. Toutefois, il ne faudrait pas exagérer. Certains ministres pratiquèrent une corruption active : Decazes, Villèle, entre autres. Pour que cette méthode de gouvernement obtînt des résultats, il fallait bien qu'il y eut des gens disposés à se laisser influencer, voire même corrompre. Si l'on est frappé par le désintéressement d'un bon nombre de parlementaires, comme Royer-Collard, cela tient sans doute au fait que les députés se recrutaient dans une classe aisée, définie par un cens électoral élevé. Cela tient peut-être aussi aux solides convictions religieuses d'un grand nombre d'entre eux, en particulier de ceux qui avaient été chevaliers de la Foi.

L'INTELLIGENCE

Pouvons nous dresser un bilan intellectuel de la Révolution et de l'Empire ?

Les périodes de troubles civils sont peu propices au mouvement intellectuel, encore moins celles de dictature militaire. Il devrait suffire pour s'en rendre compte, d'un relevé méthodique des titres cités dans la publication annuelle de la *Bibliographie de la France* ou *Journal de la Librairie française* ; l'appauvrissement y apparaît nettement. Alors qu'en 1812, sur tout le territoire du Grand Empire, se publiaient 4 648 ouvrages, comptabilisant environ 72 millions de feuilles, en 1825, dans le cadre plus réduit de la France de 1815, paraissaient 7 542 ouvrages, totalisant 128 millions de feuilles d'impression. Pour la presse périodique, le contraste est encore plus frappant : 228 titres sous l'Empire, 2 278 sous la Restauration. À lui seul, un journal comme *Le Constitutionnel*, pouvait revendiquer 20 000 abonnés.

L'Église, par la place qu'elle occupait dans la société, exerça-t-elle sur l'intelligence une attirance créatrice ?

Le renouveau d'intérêt pour la religion explique le succès d'une œuvre comme celle de l'abbé Félicité de

Lamennais, *Essai sur l'indifférence en matière de religion*. Mais en dehors d'une production de livres de piété abondante et peu originale, l'influence de l'Église sur l'édition se traduisit surtout par les polémiques anticléricales soulevées dans la dernière décennie de la Restauration, notamment dans la littérature de combat contre les Jésuites.

À quelles conditions le renouveau intellectuel s'est-il institué ?

La rapidité et l'ampleur du mouvement intellectuel après 1815 peut s'expliquer par trois facteurs favorables.

La liberté d'expression, d'abord. Les plaintes des libéraux contre le régime de la presse ont éclipsé cette évidence qu'hormis peut-être sous l'Assemblée constituante, la pensée n'avait jamais pu s'exprimer en France avec autant de sûreté. Quant à la censure, elle s'exerçait sur la presse politique, mais pas sur les périodiques purement littéraires.

La paix, ensuite. Elle attirait naturellement à la littérature toute une jeunesse, animée du même dynamisme qui avait autrefois nourri les entreprises révolutionnaires et conquérantes. « En France, écrit Balzac, en 1830, tout le monde a voulu être un grand homme en littérature comme naguère chacun voulut être colonel ».

L'influence de l'étranger, enfin. Elle s'était d'abord exercée à travers les émigrés, qui rapportaient en France les idées nouvelles moissonnées au cours de leurs pérégrinations au sein de civilisations différentes. Puis, à partir de 1815, par les milliers d'étrangers séduits par le caractère prestigieux de Paris, et la douceur de vivre. L'Angleterre, surtout, a procuré à la France une partie de sa technicité, mais a aussi initié la littérature dans la voie du romantisme : Shakespeare,

Byron, Walter Scott, fournirent des sources intarissables au théâtre, à la poésie lyrique, au roman. On a redécouvert aussi l'Italie, terre de charme et d'harmonie. Grâce à l'union des trônes bourboniens, l'Espagne a cordialement rouvert ses frontières aux voyageurs. Mme de Staël a fait connaître aux Français l'Allemagne, *la nation métaphysique par excellence*, habitée de philosophes profonds et de poètes romantiques. Même les indiens, chers à Chateaubriand, suscitent la curiosité de Fenimore Cooper. L'Amérique lointaine est aussi le modèle des républicains, l'asile des proscrits du régime.

À ces conditions favorables, il faut ajouter les initiatives déployées par les autorités et par les personnes de la haute société pour étendre l'instruction populaire, et, sur un autre plan, les soutiens apportés aux artistes et aux auteurs. À tous, s'appliquerait ce qu'écrit Alphonse Jal des peintres : « Domestiqués sous l'ancien régime, soumis au terrorisme sous la Révolution et ensuite conscrits au service de la gloire impériale, les artistes ont senti, depuis la Restauration, qu'ils étaient quelque chose. » Une vue, même rapide, de ce qui a été réalisé alors, infirme l'idée rebattue par la presse libérale et qui a nourri les préjugés de générations d'historiens, à savoir celle de l'obscurantisme supposé du régime de la Restauration.

L'échange des idées constitua l'élément moteur dans lequel la vie intellectuelle prit toute sa dimension. Quels étaient ses relais ?

L'Institut, avec ses quatre Académies (française, des Inscriptions et Belles-Lettres, des Sciences, des Beaux-Arts), jouait le rôle d'arbitre. L'Académie des Inscriptions et Belles-Lettres intégrait alors les Sciences morales et politiques qui en seront détachées en 1832. L'Académie des Sciences jouissait d'une influence internationale,

ses soixante-trois membres, distribués en sections spécialisées, constituant un aréopage respecté. On ne saurait en dire autant de l'Académie des Beaux-Arts : le
classicisme strict de son secrétaire perpétuel, Quatre-
mère de Quincy, la maintenait en marge des courants
novateurs du romantisme. L'Académie de Médecine,
constituée par ordonnance royale du 20 décembre
1820, restait à l'écart de l'Institut, mais elle était numéri-
quement aussi importante que toutes les autres académies : 85 membres titulaires, 60 membres honoraires,
30 associés libres, 30 associés étrangers. Les autres tribus
du monde intellectuel possédaient aussi leurs associa-
tions. La Société royale d'agriculture se réunissait deux
fois par mois dans une salle de l'Hôtel de Ville de Paris.
Deux fois par mois aussi, s'y retrouvait une Société aca-
démique des sciences qui définissait le champ de ses
travaux avec une admirable humilité : « Tout ce qui tient
au développement de l'intelligence humaine. » Une liste,
produite par le préfet Chabrol en 1823, recensait trente-
trois institutions ou sociétés savantes, mais cette liste
était certainement incomplète.

La liste des structures sociales qui, à côté de ces institutions, participaient de quelconque façon à la vie
intellectuelle, nous en montre la richesse qualitative et
quantitative : Collège de France, Facultés universitaires,
Grandes Écoles, sociétés de conférences comme
l'Athénée et la Société des Bonnes Lettres, cabinets de
lecture, cafés littéraires, salles de rédaction... Et l'on ne
saurait faire l'impasse sur les Académies ou sociétés
savantes locales, qui remplissaient dans les provinces
une fonction d'animation d'autant plus utile que les
communications avec la capitale étaient plus difficiles :
ainsi l'influence de l'Académie des Jeux floraux de
Toulouse, qui se prévalait d'une origine médiévale,
s'étendait-elle sur tout le Midi aquitain.

Et les salons ?

Les salons parisiens ont joué, sous couvert d'activité littéraire, un rôle politique qu'ils perdraient sous les régimes suivants. C'était la conversation qui en constituait l'attrait. La politique étant le principal objet de dispute, avec la littérature, ces salons se distinguaient surtout par la tendance qu'ils soutenaient : ainsi, dans le faubourg Saint-Germain, la princesse de la Trémoille régnait-elle sur les milieux ultraroyalistes, tandis que la duchesse de Broglie, suivant en cela sa mère Mme de Staël, ralliait les doctrinaires. La séduisante duchesse de Duras recevait, quant à elle, des politiques d'opinions différentes.

En face du noble faubourg se dressait le quartier de la Chaussée d'Antin, fief de la finance, où commandait le libéralisme. La maison de Laffitte était le creuset où se mêlaient libéralisme et bonapartisme – la fille du banquier ayant épousé le jeune prince de la Moskowa, fils du glorieux maréchal Ney. Les autres grands patrons des courants politiques – Casimir Périer, Delessert, Ternaux – avaient pignon sur rue, mais, privés de sensibilité féminine, leurs salons restaient ternes. On retrouvait cette présence et cette séduction chez Mme Davilliers, femme de grands industriels ; chez Mme de Rumford, dans la continuité de l'esprit des encyclopédistes du xviiie siècle ; chez la comtesse Baraguay d'Hilliers, qui recevait les vieilles moustaches de l'Empire.

Quelles furent les grandes disputes intellectuelles de la Restauration ?

Deux débats furent assez importants pour fixer l'attention, non seulement des Français mais aussi des observateurs étrangers, et tous deux se placèrent en 1829-1830.

Le premier opposa Georges Cuvier à Étienne Geoffroy Saint-Hilaire et passionna, au delà de l'Académie des Sciences, un large public en France et à l'étranger. Il s'agissait de l'origine des espèces animales. Cuvier enseignait une doctrine fixiste, pensant que chaque espèce tenait ses formes de la volonté du Créateur, tandis que Geoffroy Saint-Hilaire y voyait le produit d'une évolution engendrée par les conditions extérieures. Le paléontologue Cuvier terrassa son adversaire par sa science prudente et vigoureuse. De ce fait, le transformisme ne devait réapparaître en France que beaucoup plus tard, avec Darwin.

L'autre débat célèbre annonçait le triomphe du romantisme : il se développa autour de la représentation tumultueuse, en février 1830, de la tragédie de Victor Hugo, *Hernani*.

Qu'est-il advenu de la question de l'origine de l'homme ?

Jean-Baptiste de Monet, chevalier de Lamarck, continuateur de Buffon, aborda le sujet dans son dernier ouvrage *Système analytique des connaissances positives de l'homme*. Héritier de l'esprit philosophique du XVIIIe siècle, il y dégageait des hypothèses osées sur l'évolution des êtres vivants et sur l'origine de l'homme, envisagée à travers l'évolution des vertébrés.

La production historique enregistra une forte augmentation. C'est, entre autres, le temps des mémoires. Quelle raison objective pouvons-nous avancer pour comprendre ce phénomène ?

Les bouleversements politiques que l'on avait subis depuis 1789, sollicitaient la réflexion et incitaient à rechercher des comparaisons dans le passé proche ou lointain. Le romantisme quêtait l'émotion dans le désarroi, et le déracinement dans la reconstitution des époques passées. Les partis en présence allaient chercher leurs arguments dans un passé récent : ainsi, pour le parti royaliste, le rappel récurrent des excès de la Révolution allait-il de soi. Enfin, la fracture révolutionnaire avait fait tomber aux mains des érudits une masse de parchemins dont les institutions administratives, religieuses et familiales avaient précédemment la garde. Pour assurer leur protection et faciliter leur utilisation, le gouvernement de Louis XVIII créa, en 1821, l'École des Chartes, où douze jeunes gens devaient s'atteler à la lecture et à l'explication des textes anciens. L'opposition libérale y vit une initiative réactionnaire.

Si le nombre global annuel des ouvrages édités a presque doublé de 1812 à 1823, celui des livres d'histoire a plus que triplé. L'attirance pour les mémoires est significative. Ce goût pouvait s'expliquer par le besoin que ressentaient les contemporains de comprendre leurs actions passées. « Le temps où nous vivons, écrit Chateaubriand, a dû nécessairement fournir de nombreux matériaux aux Mémoires. Il n'y a personne qui ne soit devenu, au moins pendant vingt-quatre heures, un personnage, et qui ne se croit obligé de rendre compte au monde de l'influence qu'il a exercée sur l'univers. »

Qualitativement que reste-t-il aujourd'hui de ce travail ?

Toute cette production est aujourd'hui dépassée, à l'exception des éditions documentaires. L'histoire actuelle est plus formelle, notamment en matière de critique de documents. Beaucoup de ces auteurs étaient engagés dans les querelles intellectuelles du temps, et motivés par la seule démonstration de leurs préjugés. C'est le cas des livres de Michelet, dont il ne reste que le style flamboyant.

Quels effets le triomphe du romantisme réserva-t-il à la société politique ?

Le romantisme, à ses débuts, paraissait avoir partie liée avec le royalisme ultra, tandis que pour les libéraux Voltaire restait, comme on dit, la loi et les prophètes. En 1827, Victor Hugo opéra une conversion à 180 degrés, après avoir apparemment compris où allait la faveur du public. Il rompit avec le gouvernement à l'occasion de sa pièce *Marion Delorme*, qui vilipendait la monarchie et dont les autorités avaient interdit la représentation. Le poète proclama, ensuite, sa nouvelle fidélité politique dans sa préface d'*Hernani*. « Le romantisme n'est, à tout prendre que le libéralisme en littérature... La liberté dans l'art, la liberté dans la société, voilà le même but auquel doivent tendre d'un même pas tous les esprits conséquents et logiques. »

L'action de Chateaubriand dans les idées nouvelles et leur formulation s'apparente-t-elle à un modèle esthétique ?

Chateaubriand n'a pas perdu son encre à formuler un modèle esthétique. Il a écrit selon son génie et ce fut assez pour que l'on tentât de l'imiter.

La littérature balzacienne et stendhalienne évoque-t-elle avec pertinence la vie quotidienne des Français sous la Restauration ?

C'est une question que l'on ne se pose guère aujourd'hui. On se sert abondamment de ces œuvres pour évoquer la vie quotidienne sous la Restauration, sans jamais se demander dans quelle mesure on peut leur faire foi. Il est clair, en effet, que les auteurs souhaitant captiver leurs contemporains, ne pouvaient

s'écarter de la vérité objective dans leurs descriptions
sans perdre leur crédibilité. Ainsi retrouvera-t-on, dans
certaines lithographies de Marlet, les *Tableaux de
Paris,* des scènes décrites par Balzac : par exemple
l'hôtel de la loterie nationale, dans *La Rabouilleuse.* Ou
encore la station des *coucous,* voitures du service de la
banlieue, dans *Un début dans la vie.* Et aussi, naturellement, telle scène d'une réception dans un salon du
quartier de la Chaussée d'Antin. Quant à Stendhal,
pour créer le personnage de Julien Sorel, il s'est inspiré de faits lus dans la *Gazette des tribunaux* du 29 au
31 décembre 1827, relatant la carrière d'un nommé
Antoine Berthet, comme Julien précepteur dans une
famille noble, dont il séduisit la fille. Mais quand il
entreprend de décrire la vie au séminaire, Stendhal
retombe dans les clichés ordinaires des libéraux de
l'époque, qui reflètent davantage l'anticléricalisme
de son temps qu'une réalité qu'il n'avait pu expéri-
menter. Le personnage du marquis de la Mole représente mieux le type de l'aristocrate ultraroyaliste.

Conclusion

On a pu lire récemment que la Restauration a été « largement ignorée, voire méprisée » dans l'historiographie française. Ce n'est pas tout à fait exact. Au contraire, on constate que nulle époque n'a été inventoriée si abondamment et si peu de temps après sa disparition. Dans les quinze années qui ont suivi 1830, on ne compte pas moins de cinq ouvrages historiques en plusieurs volumes, ceux de Lacretelle (4 vol.), Capefigue (10 vol.), d'Auguis et Dulaure (8 vol.), de Lubis (6 vol.), de Vaulabelle (8 vol.). La Révolution de 1848 ayant chassé du service public un nombre d'individus de haute capacité, certains occupèrent leurs loisirs forcés dans l'étude d'une période assez proche dans leurs souvenirs, mais dont l'évocation ne pouvait paraître séditieuse à la police soupçonneuse du Second Empire. D'où une seconde vague d'histoires de la Restauration en plusieurs volumes : celles de Maurin (6 vol.), de Lamartine (8 vol.), de Duvergier de Hauranne (10 vol.), de Nettement (8 vol.), et enfin de Viel-Castel (20 vol.).

Après cette sorte de débauche, il est vrai, l'histoire de la Restauration tomba dans un sommeil presque cataleptique, qui dura presque trente ans. Jusqu'au jour

RESTAURATION EN QUESTIONS

où elle fut ranimée par l'appel de clairon de Jean Jaurès. La grande *Histoire socialiste* qu'il dirigeait consacrait un volume entier à la Restauration, sous la signature de René Viviani, le futur chef du gouvernement, celui qui devait conduire la France dans la première guerre mondiale. Dans le même temps, une autre équipe était au travail, sous la direction d'Ernest Lavisse, le grand mandarin de l'Université française. Les dix-huit volumes couvrant l'Histoire de France depuis les origines jusqu'à la Révolution parurent ensemble en 1911. La suite ne put sortir qu'après la paix de 1919. Le volume consacré à la Restauration avait été écrit par Sébastien Charléty. Ce consciencieux universitaire, dans ses travaux, se conforme aux canons de sèche objectivité mis à la mode par le fameux manuel de Langlois et Seignobos ; c'est-à-dire qu'il se tient à un exposé objectif des faits, évitant tout jugement de valeur. Tout au plus regrette-t-il dans les dernières lignes que la Révolution de 1830, premier tressaillement de l'idée démocratique, ait manqué son terme logique en s'enlisant dans la *quasi-légitimité* de la monarchie orléaniste.

Cet ouvrage était cependant trop technique et trop sec pour intéresser le grand public. Son besoin d'une vulgarisation plus lisible fut satisfait par la publication, en 1928-1929 des deux volumes de Pierre de la Gorce, académicien chevronné. Consacrés respectivement aux règnes de Louis XVIII et de Charles X, ils s'en tiennent strictement aux affaires politiques. L'auteur, dont on connaît le sentiment conservateur, rend pleinement justice aux deux souverains, et fait bien ressortir la difficulté d'élaborer un exposé objectif de la période. Peu après, le centenaire de la Révolution de 1830 a donné lieu à nombre d'articles, mais fort peu de livres. Le meilleur étant sans doute une *Restauration* par Marie de Roux, publié dans la collection célèbre des « Grandes

études historiques-Fayard». Compte tenu de ses tendances de droite il fut oublié, voire ignoré par la critique
universitaire. L'historiographie de la Restauration tomba
ensuite, et pendant plus de vingt ans dans une nouvelle
période de léthargie. Elle ne se réveilla qu'après la
Guerre et la Libération de 1944-45, dont les péripéties
rappelaient un peu celles de 1815.

Cependant les manuels d'histoire destinés aux classes
de l'enseignement secondaires faisaient une place de
plus en plus réduite à la Restauration, tandis que la
Révolution et l'Empire continuaient à fixer l'attention.
Les règnes des deux derniers Bourbons apparaissaient
comme une sorte d'anachronisme négligeable, n'ayant
fait que retarder un peu le progrès triomphant de la
démocratie sociale.

Le véritable mérite de la Restauration a pourtant été
perçu par un des historiens précités ; et chose qui
étonne, par le collaborateur de Jean Jaurès, René
Viviani. Sans doute, il se livre à toutes les vitupérations
qu'on pouvait attendre sur les aspects religieux du
régime. Mais il remet en question la tradition de l'histoire libérale de gauche, qui associait l'idéal républicain
au culte napoléonien. Ainsi, il approuve l'exécution de
Ney, et, pensant naturellement à l'affaire Dreyfus, il
écrit : « Le pouvoir civil, si avili qu'il soit, ne peut durer
s'il n'a pas la main sur l'épée des chefs militaires ».

Ailleurs, il dénie à l'opposition libérale la prétention
de représenter réellement la nation. Les bourgeois libéraux n'étaient pas de meilleurs amis du peuple que les
aristocrates. « Au fond, c'était la même classe, qui, divi-
sée en fractions politiques ennemies, tenait le pouvoir
économique... Autant de richesses se trouvaient représentées sur les bancs libéraux que sur les autres bancs...
à droite de grands seigneurs égoïstes et implacables, à
gauche des faiseurs d'affaires, banquiers infatigables

exploiteurs du travail humain. Il n'est pas défendu de penser que l'ambition, la convoitise, l'intérêt menaient les chefs du libéralisme. »

Surtout il assure que le plus grand mérite de la Restauration a été d'établir des assemblées représentatives : « Là du moins, même faible comme un souffle, la parole se pouvait faire entendre. Ce n'était pas la nuit complète, et comme un reflet de ciel aperçu du fond d'un gouffre... » Cette même pensée, répétée dans un feu d'artifice caractéristique de son style, sert de conclusion au livre. « La Restauration eut cependant des mérites. Elle prit le fardeau des défaites nationales et déshabitua la nation de la gloire militaire. Elle créa la tribune parlementaire et ce trône nouveau, dans le chancelement des trônes anciens, est demeuré debout, supérieur aux tempêtes. C'est le bienfait inestimable de ce régime d'avoir laissé vivre l'instrument qui devait lui donner la mort ».

Sous la Restauration, la cité française a pu effectivement s'exercer au régime parlementaire ; les conceptions des différentes tendances politiques ont pu, sans entrave excessive, s'affronter, et de cette confrontation se sont élaborés règles de procédure et projets de société. Aussi, la qualité des idées demeurait primordiale ; la politique, sans être dénuée de passions, n'était pas conduite par les mesquins conflits d'intérêt qui apparaîtront dans les décennies suivantes.

Entre la réelle faculté d'ascension et la permanence des stratifications, la société a recouvré, après les crispations révolutionnaires et l'outrecuidance des conquêtes impériales, un équilibre bénéfique. Un climat extrêmement propice aux travaux intellectuels en découlait et la France cultivait à nouveau son influence dans le domaine des lettres, mais aussi des sciences et des arts.

Sur le plan intérieur, une certaine tranquillité accompagnait, après les outrances révolutionnaires et le mirage impérial, les quinze années du régime des Bourbons. Jamais, certainement, la société française n'avait été aussi bien gérée, avec une certaine vénération pour les lois, avec autant d'égards pour les droits des citoyens et aussi peu d'excès pour les finances publiques. C'est alors qu'empiriquement s'étaient institués les usages de probité et d'indépendance du pouvoir judiciaire. Quant aux affaires diplomatiques, elles furent à trois reprises, en Espagne, en Grèce et à Alger, couronnées d'un franc succès que la hardiesse inspira.

On comprend mieux alors le propos étonnant de Stendhal en 1829 : « Il faudra peut-être des siècles à la plupart des peuples d'Europe pour atteindre au degré de bonheur dont la France jouit sous Charles X ».

G. B. S.

Perspective

Aujourd'hui, la Restauration, dépeinte par «l'historiquement correct» comme un système clos de préjugés dont le retour aurait été rendu possible par les prétendus «fourgons de l'étranger[1]», mériterait, à la lumière du dernier conflit mondial, une lecture plus nuancée et une interprétation moins rigide. Cette expérience récente nous invite donc à reconsidérer certains *a priori* et à rendre *a posteriori* un sens à des actions publiques ou privées, flétries par les adversaires politiques de la monarchie restaurée, que justifiaient peut-être les idéaux républicains. Bien des conduites jugées inadmissibles pendant cent vingt-cinq ans sont tenues pour saintes ou à tout le moins justifiées parce qu'elles se sont produites dans le cadre de l'occupation allemande ou à l'occasion de la Libération. En effet, l'émigration alors considérée comme une trahison à la patrie fut en 1940, recherchée et vantée par les acteurs de la France Libre. Qui plus est, porter les armes contre son propre

---

1. Sur cette expression surfaite, voir l'article de Stéphanne Rials dans le *Dictionnaire Napoléon*, sous la direction de Jean Tulard, Fayard, 1987, pp. 753-754.

pays ne signifiait plus simplement le scandale et l'infamie. Il fallait, en des circonstances singulières, savoir distinguer le légal du légitime, opération intellectuelle qui s'est toujours révélée difficile et périlleuse. D'autres éléments viennent renforcer l'opportunité de cette comparaison. Les opérations militaires qui ont opposé des Français à d'autre Français en Syrie s'apparentent, par leur genre, certes avec des mobiles dissemblables, aux combats que l'armée catholique et royale et les républicains ont pu se livrer. Tout comme les maquis s'inscrivaient dans la droite ligne de la chouannerie. La guerre civile qui en découla, vit se multiplier les actes de brigandage ou de terrorisme, au nom duquel les autorités en place organisèrent la répression. À cette lutte acharnée, il fallut un vainqueur ; mais pour institutionnaliser la victoire, l'épuration devenait une solution politique qui pouvait calmer les impatients ou les exaltés et restituer à l'État l'apparent exercice de la justice. La première Restauration pratiqua la mansuétude ; après les funestes Cent-Jours qui devaient dorénavant diviser les Français, il fallait bien remplacer les fonctionnaires qui avaient pris des services contre le régime. En 1944, l'épuration eut la main infiniment plus lourde et active. Dans les deux cas, les autorités politiques eurent recours, les unes aux cours prévôtales les autres aux tribunaux d'exception. Malgré cela, les règlements de compte au sein des populations, attisés par des jalousies de voisinage se caractérisèrent par une grande férocité ; réalité tragique à laquelle aboutirent des formes de vengeance similaire.

Après la spoliation des biens orchestrée par les gouvernements déchus, il fallait, prudemment, envisager leur retour aux anciens propriétaires ou leur dédommagement. Dix ans après 1815, par la fameuse indemnité dite « milliard des émigrés » réglée par Villèle, la

Restauration entendait faire œuvre à la fois de justice et d'apaisement : consentir à la réparation des dommages tout en respectant les acheteurs de biens nationaux. De nos jours, les demandes de compensation liées au second conflit mondial ne trouvent pas encore la voie du règlement, l'apaisement n'est toujours pas, quelque cinquante ans plus tard, de mise. Une autre différence d'attitudes dans ces périodes troublées est digne à souligner. Le maintien de l'ancienne législation, à quelques applications près, fut confirmé par la charte de 1814. La première partie, *Droit public des Français*, évoque pour les sanctionner, les grands principes de 1789. L'égalité des français devant la loi, la liberté individuelle et « l'égale liberté » des religions furent reconnues. En vingt-neuf mots, l'article 68 prévoyant que « le code civil et les lois actuellement existantes qui ne sont pas contraires à la présente charte restent en vigueur jusqu'à ce qu'il y soit légalement dérogé », accepta la presque totalité de l'œuvre administrative et sociale de la Révolution et de l'Empire. De plus, la légitimité s'inscrivait, naturellement, dans le cours du temps : « De notre règne le dix-neuvième ». À la Libération, la méthode et l'esprit furent tout autre ; la République en droit n'aurait pas cessé d'exister, « l'autorité de fait » qui émanait de l'État français formait une sorte de parenthèse dans l'histoire officielle de la France, identifiée cette fois au régime républicain. Les lois et règlements de ce « triste épisode » devaient « demeurer inefficaces ». L'article 2 alinéa 1er de l'ordonnance du 9 août 1944 explicite bien la volonté du législateur. « Sont, en conséquence, nuls et de nul effet tous les actes constitutionnels, législatifs ou réglementaires, ainsi que les arrêtés pris pour leur exécution, sous quelque domination que ce soit, promulgués sur le territoire continental postérieurement au 16 juin 1940 et jusqu'au rétablissement du Gouvernement de la République française ». Pratiquement, la nullité devait être « expressément constatée », ce qui relativisait quelque peu la portée de cet article. Quant au traitement de la presse, il fut propre à chaque période. La Restauration réexamina la censure impériale qui organisait la servitude en développant un régime légal de liberté de la presse. À la Libération, le problème fut abordé inversement ; on procéda nommément à l'interdiction de journaux existants jugés indignes pour collaboration, interdiction qui empêchait certains écrivains et journalistes de publier ; tandis que l'on rétablissait, par ailleurs, la liberté pour toutes les nouvelles parutions.

Le règlement de telles situations politiques dépend en grande partie des dispositions intellectuelles et pratiques que le vainqueur envisage d'imposer au vaincu. C'est à travers la mécanique du rapport de force que les similitudes entre 1815 et 1944 sont les plus frappantes.

P.-J. D.

Annexes

Annexe 1 :
la Charte constitutionnelle du 4 juin 1814

La divine Providence, en nous rappelant dans nos États après une longue absence, nous a imposé de grandes obligations. La paix était le premier besoin de nos sujets : nous nous en sommes occupés sans relâche ; et cette paix si nécessaire à la France comme au reste de l'Europe, est signée. Une Charte constitutionnelle était sollicitée par l'état actuel du royaume, nous l'avons promise, et nous la publions. Nous avons considéré que, bien que l'autorité tout entière résidât en France dans la personne du roi, ses prédécesseurs n'avaient point hésité à en modifier l'exercice, suivant la différence des temps ; que c'est ainsi que les communes ont dû leur affranchissement à Louis le Gros, la confirmation et l'extension de leurs droits à Saint Louis et à Philippe le Bel ; que l'ordre judiciaire a été établi et développé par les lois de Louis XI, de Henri II et de Charles IX ; enfin, que Louis XIV a réglé presque toutes les parties de l'administration publique par différentes ordonnances dont rien encore n'avait surpassé la sagesse. – Nous avons dû, à l'exemple des rois nos prédécesseurs, apprécier les effets des progrès toujours croissants des lumières, les rapports nouveaux que ces progrès ont introduits dans la société, la direction imprimée aux esprits depuis un demi-siècle, et les graves altérations qui en sont résultées : nous avons reconnu que le vœu de nos sujets pour une Charte constitutionnelle était l'expression d'un besoin réel ; mais en cédant à ce vœu, nous avons pris toutes les précautions pour que cette Charte fût digne de nous et du peuple auquel nous sommes fiers de commander. Des hommes sages, pris dans les premiers corps de l'État, se sont réunis à des commissions de notre Conseil, pour travailler à cet important ouvrage. – En même temps que nous reconnaissions qu'une Constitution libre et monarchique devait remplir l'attente de l'Europe éclairée, nous avons dû nous souvenir aussi que notre premier devoir envers nos peuples était de conserver, pour leur propre intérêt, les droits et les prérogatives de notre couronne. Nous avons espéré qu'instruits par l'expérience, ils seraient convaincus que l'autorité suprême peut seule donner aux institutions qu'elle établit, la force, la permanence et la majesté dont elle est elle-même revêtue ; qu'ainsi lorsque la sagesse des rois s'accorde librement avec le vœu des peuples, une Charte constitutionnelle peut être de longue durée ; mais que, quand la violence arrache des concessions à la faiblesse du gouvernement, la liberté publique n'est pas moins en danger que le trône même. Nous avons enfin cherché les principes de la Charte constitutionnelle dans le caractère français, et dans les monuments vénérables des siècles passés. Ainsi, nous avons vu dans le renouvellement de la pairie une institution vraiment nationale, et qui doit lier tous les souvenirs à toutes les espérances, en réunissant les temps anciens et les temps modernes. – Nous avons remplacé, par la Chambre des députés, ces anciennes Assemblées des Champs de Mars et de Mai, et ces Chambres du tiers état, qui ont si souvent donné tout à fois des preuves de zèle pour les intérêts du peuple, de fidélité et de respect pour l'autorité des rois. En cherchant ainsi à renouer la chaîne des temps, que de funestes écarts avaient interrompue, nous avons effacé de notre souvenir, comme nous voudrions qu'on pût les effacer de l'histoire, tous les maux qui ont affligé la patrie durant notre absence. Heureux de nous retrouver au sein de la grande famille, nous n'avons su répondre à l'amour dont nous recevons tant de témoignages, qu'en prononçant des paroles de paix et de consolation. Le vœu le plus cher à notre cœur, c'est que tous les Français vivent en frères, et que jamais aucun souvenir amer ne trouble la sécurité qui doit suivre l'acte solennel que nous leur accordons aujourd'hui. – Sûrs de nos intentions, forts de notre conscience, nous nous engageons, devant l'Assemblée qui nous écoute, à être fidèles à cette Charte constitutionnelle, nous réservant d'en juger le maintien, avec une nouvelle solennité, devant les autels de celui qui pèse dans la même balance les rois et les nations. – À CES CAUSES – NOUS AVONS volontairement, et par le libre exercice de notre autorité royale, ACCORDÉ ET ACCORDONS. FAIT CONCESSION ET OCTROI à nos sujets, tant pour nous que pour nos successeurs, et à toujours, de la Charte constitutionnelle qui suit :

Droit public des Français

ARTICLE PREMIER. – Les Français sont égaux devant la loi, quels que soient d'ailleurs leurs titres et leurs rangs.

ART. 2. – Ils contribuent indistinctement, dans la proportion de leur fortune, aux charges de l'État.

ART. 3. – Ils sont tous également admissibles aux emplois civils et militaires.

ART. 4. – Leur liberté individuelle est également garantie, personne ne pouvant être poursuivi ni arrêté que dans les cas prévus par la loi, et dans la forme qu'elle prescrit.

ART. 5. – Chacun professe sa religion avec une égale liberté, et obtient pour son culte la même protection.

ART. 6. – Cependant la religion catholique, apostolique et romaine est la religion de l'État.

ART. 7. – Les ministres de la religion catholique, apostolique et romaine, et ceux des autres cultes chrétiens, reçoivent seuls des traitements du Trésor royal.

ART. 8. – Les Français ont le droit de publier et de faire imprimer leurs opinions, en se conformant aux lois qui doivent réprimer les abus de cette liberté.

ART. 9.–Toutes les propriétés sont inviolables, sans aucune exception de celles qu'on appelle *nationales*, la loi ne mettant aucune différence entre elles.

ART. 10.–L'État peut exiger le sacrifice d'une propriété, pour cause d'intérêt public légalement constaté, mais avec une indemnité préalable.

ART. 11.–Toutes recherches des opinions et votes émis jusqu'à la restauration sont interdites. Le même oubli est commandé aux tribunaux et aux citoyens.

ART. 12.–La conscription est abolie. Le mode de recrutement de l'armée de terre et de mer est déterminé par une loi.

Formes du gouvernement du roi

ART. 13.–La personne du roi est inviolable et sacrée. Ses ministres sont responsables. Au roi seul appartient la puissance exécutive.

ART. 14.–Le roi est le chef suprême de l'État, il commande les forces de terre et de mer, déclare la guerre, fait les traités de paix, d'alliance et de commerce, nomme à tous les emplois d'administration publique, et fait les règlements et ordonnances nécessaires pour l'exécution des lois et la sûreté de l'État.

ART. 15.–La puissance législative s'exerce collectivement par le roi, la Chambre des pairs, et la Chambre des députés des départements.

ART. 16.–Le roi propose la loi.

ART. 17.–La proposition de la loi est portée, au gré du roi, à la Chambre des pairs ou à celle des députés, excepté la loi de l'impôt, qui doit être adressée d'abord à la Chambre des députés.

ART. 18.–Toute la loi doit être discutée et votée librement par la majorité de chacune des deux chambres.

ART. 19.–Les chambres ont la faculté de supplier le roi de proposer une loi sur quelque objet que ce soit, et d'indiquer ce qu'il leur paraît convenable que la loi contienne.

ART. 20.–Cette demande pourra être faite par chacune des deux chambres, mais après avoir été discutée en comité secret : elle ne sera envoyée à l'autre Chambre par celle qui l'aura proposée, qu'après un délai de dix jours.

ART. 21. – Si la proposition est adoptée par l'autre Chambre, elle sera mise sous les yeux du roi ; si elle est rejetée, elle ne pourra être représentée dans la même session.

ART. 22. – Le roi seul sanctionne et promulgue les lois.

ART. 23. – La liste civile est fixée pour toute la durée du règne, par la première législature assemblée depuis l'avènement du roi.

De la Chambre des pairs

ART. 24. – La Chambre des pairs est une portion essentielle de la puissance législative.

ART. 25. – Elle est convoquée par le roi en même temps que la Chambre des députés des départements. La session de l'une commence et finit en même temps que celle de l'autre.

ART. 26. – Toute assemblée de la Chambre des pairs qui serait tenue hors du temps de la session de la Chambre des députés, ou qui ne serait pas ordonnée par le roi, est illicite et nulle de plein droit.

ART. 27. – La nomination des pairs de France appartient au roi. Leur nombre est illimité ; il peut en varier les dignités, les nommer à vie ou les rendre héréditaires, selon sa volonté.

ART. 28. – Les pairs ont entrée dans la Chambre à vingt-cinq ans, et voix délibérative à trente ans seulement.

ART. 29. – La Chambre des pairs est présidée par le chancelier de France, et, en son absence, par un pair nommé par le roi.

ART. 30. – Les membres de la famille royale et les princes du sang sont pairs par le droit de leur naissance. Ils siègent immédiatement après le président ; mais ils n'ont voix délibérative qu'à vingt-cinq ans.

ART. 31. – Les princes ne peuvent prendre séance à la Chambre que de l'ordre du roi, exprimé pour chaque session par un message, à peine de nullité de tout ce qui aurait été fait en leur présence.

ART. 32. – Toutes les délibérations de la Chambre des pairs sont secrètes.

ART. 33. – La Chambre des pairs connaît des crimes de haute trahison et des attentats à la sûreté de l'État qui seront définis par la loi.

ART. 34. – Aucun pair ne peut être arrêté que de l'autorité de la Chambre, et jugé que par elle en matière criminelle.

De la Chambre des députés des départements

ART. 35. – La Chambre des députés sera composée des députés élus par les collèges électoraux dont l'organisation sera déterminée par des lois.

ART. 36. – Chaque département aura le même nombre de députés qu'il a eu jusqu'à présent.

ART. 37. – Les députés seront élus pour cinq ans, et de manière que la Chambre soit renouvelée chaque année par cinquième.

ART. 38. – Aucun député ne peut être admis dans la Chambre, s'il n'est âgé de quarante ans, et s'il ne paie une contribution directe de mille francs.

ART. 39. – Si néanmoins il ne se trouvait pas dans le département cinquante personnes de l'âge indiqué, payant au moins mille francs de contributions directes, leur nombre sera complété par les plus imposés au-dessous de mille francs, et ceux-ci pourront être élus concurremment avec les premiers.

ART. 40. – Les électeurs qui concourent à la nomination des députés, ne peuvent avoir droit de suffrage s'ils ne paient une contribution directe de trois cents francs, et s'ils ont moins de trente ans.

ART. 41. – Les présidents des collèges électoraux seront nommés par le roi et de droit membres du collège.

ART. 42. – La moitié au moins des députés sera choisie parmi les éligibles qui ont leur domicile politique dans le département.

ART. 43. – Le président de la Chambre des députés est nommé par le roi, sur une liste de cinq membres présentée par la Chambre.

Art. 44. – Les séances de la Chambre sont publiques ; mais la demande de cinq membres suffit pour qu'elle se forme en comité secret.

Art. 45. – La Chambre se partage en deux bureaux pour discuter les projets qui lui ont été présentés de la part du roi.

Art. 46. – Aucun amendement ne peut être fait à une loi, s'il n'a été proposé ou consenti par le roi, et s'il n'a été renvoyé et discuté dans les bureaux.

Art. 47. – La Chambre des députés reçoit toutes les propositions d'impôts ; ce n'est qu'après que ces propositions ont été admises, qu'elles peuvent être portées à la Chambre des pairs.

Art. 48. – Aucun impôt ne peut être établi ni perçu, s'il n'a été consenti par les deux Chambres et sanctionné par le roi.

Art. 49. – L'impôt foncier n'est consenti que pour un an. Les impositions indirectes peuvent l'être pour plusieurs années.

Art. 50. – Le roi convoque chaque année les deux Chambres ; il les proroge, et peut dissoudre celle des députés des départements ; mais, dans ce cas, il doit en convoquer une nouvelle dans le délai de trois mois.

Art. 51. – Aucune contrainte par corps ne peut être exercée contre un membre de la Chambre, durant la session, et dans les six semaines qui l'auront précédée ou suivie.

Art. 52. – Aucun membre de la Chambre ne peut, pendant la durée de la session, être poursuivi ni arrêté en matière criminelle, sauf le cas de flagrant délit, qu'après que la Chambre a permis sa poursuite.

Art. 53. – Toute pétition à l'une ou l'autre des Chambres ne peut être faite et présentée que par écrit. La loi interdit d'en apporter en personne et à la barre.

Des ministres

Art. 54. – Les ministres peuvent être membres de la Chambre des pairs ou de la Chambre des députés. Ils ont en outre leur entrée dans l'une ou l'autre Chambre, et doivent être entendus quand ils le demandent.

Art. 55. – La Chambre des députés a le droit d'accuser les ministres, et de les traduire devant la Chambre des pairs, qui seule a celui de les juger.

Art. 56. – Ils ne peuvent être accusés que pour fait de trahison ou de concussion. Des lois particulières spécifieront cette nature de délits, et en détermineront la poursuite.

De l'ordre judiciaire

Art. 57. – Toute justice émane du roi. Elle s'administre en son nom par des juges qu'il nomme et qu'il institue.

Art. 58. – Les juges nommés par le roi sont inamovibles.

Art. 59. – Les cours et tribunaux ordinaires actuellement existants sont maintenus. Il n'y sera rien changé qu'en vertu d'une loi.

Art. 60. – L'institution actuelle des juges de commerce est conservée.

Art. 61. – La justice de paix est également conservée. Les juges de paix quoique nommés par le roi, ne sont point inamovibles.

Art. 62. – Nul ne pourra être distrait de ses juges naturels.

Art. 63. – Il ne pourra en conséquence être créé de commissions et tribunaux extraordinaires. Ne sont pas comprises sous cette dénomination les juridictions prévôtales, si leur rétablissement est jugé nécessaire.

Art. 64. – Les débats seront publics en matière criminelle, à moins que cette publicité ne soit dangereuse pour l'ordre et les mœurs ; et, dans ce cas, le tribunal le déclare par un jugement.

Art. 65. – L'institution des jurés est conservée. Les changements qu'une plus longue expérience ferait juger nécessaires, ne peuvent être effectués que par une loi.

Art. 66. – La peine de la confiscation des biens est abolie, et ne pourra pas être rétablie.

Art. 67. – Le roi a le droit de faire grâce, et celui de commuer les peines.

Art. 68. – Le Code civil et les lois actuellement existantes qui ne sont pas contraires à la présente Charte, restent en vigueur jusqu'à ce qu'il y soit légalement dérogé.

Droits particuliers garantis par l'État

ART. 69.–Les militaires en activité de service, les officiers et soldats en retraite, les veuves, les officiers et soldats pensionnés, conserveront leurs grades, honneurs et pensions.

ART. 70.–La dette publique est garantie. Toute espèce d'engagement pris par l'État avec ses créanciers, est inviolable.

ART. 71.–La noblesse ancienne reprend ses titres. La nouvelle conserve les siens. Le roi fait des nobles à volonté ; mais il ne leur accorde que des rangs et des honneurs, sans aucune exemption des charges et des devoirs de la société.

ART. 72.–La Légion d'honneur est maintenue. Le roi déterminera les règlements intérieurs et la décoration.

ART. 73.–Les colonies sont régies par des lois et des règlements particuliers.

ART. 74.–Le roi et ses successeurs jureront, dans la solennité de leur sacre, d'observer fidèlement la présente Charte constitutionnelle.

Articles transitoires

ART. 75.–Les députés des départements de France qui siégeaient au Corps législatif lors du dernier ajournement, continueront de siéger à la Chambre des députés jusqu'à remplacement.

ART. 76.–Le premier renouvellement d'un cinquième de la Chambre des députés aura lieu au plus tard en l'année 1816, suivant l'ordre établi entre les séries.

Annexe 2 :

les ordonnances du 25 juillet 1830

L'ordonnance sur la presse

CHARLES, par la grâce de Dieu, Roi de France et de Navarre,
À tous ceux qui ces présentes verront, salut.
Sur le rapport de notre conseil des ministres,
Nous avons ordonné et ordonnons ce qui suit.
ART. 1er. La liberté de la presse périodique est suspendue.
2. Les dispositions des art. 1er, 2 et 9 du titre 1er de la loi
du 21 octobre 1814 sont remises en vigueur.

En conséquence, nul journal et écrit périodique ou semi-périodique, établi ou à établir, sans distinction des matières
qui y seront traitées, ne pourra paraître, soit à Paris, soit dans
les départements, qu'en vertu de l'autorisation qu'en auront
obtenue de nous séparément les auteurs et l'imprimeur.

Cette autorisation devra être renouvelée tous les trois
mois.

Elle pourra être révoquée.

3. L'autorisation pourra être provisoirement accordée et
provisoirement retirée par les préfets aux journaux et
ouvrages périodiques ou semi-périodiques publiés ou à
publier dans les départements.

4. Les journaux et écrits publiés en contravention à l'art. 2
seront immédiatement saisis.

Les presses et caractères qui auront servi à leur impression seront placés dans un dépôt public et sous scellés, ou mis hors de service.

5. Nul écrit au-dessous de vingt feuilles d'impression ne pourra paraître qu'avec l'autorisation de notre ministre secrétaire d'État de l'Intérieur, à Paris, et des préfets dans les départements.

Tout écrit de plus de vingt feuilles d'impression qui ne constituera pas un même corps d'ouvrage, sera également soumis à la nécessité de l'autorisation.

Les écrits publiés sans autorisation seront immédiatement saisis.

Les presses et caractères qui auront servi à leur impression seront placés dans un dépôt public et sous scellés, ou mis hors de service.

6. Les mémoires sur procès et les mémoires des sociétés savantes ou littéraires sont soumis à l'autorisation préalable, s'ils traitent en tout ou en partie de matières politiques, cas auquel les mesures prescrites par l'art. 5 leur seront applicables.

7. Toute disposition contraire aux présentes restera sans effet.

8. L'exécution de la présente ordonnance aura lieu en conformité de l'art. 4 de l'ordonnance du 27 novembre 1816 et de ce qui est prescrit par celle du 18 janvier 1817.

9. Nos ministres secrétaires d'État sont chargés de l'exécution des présentes.

Donné en notre château de Saint-Cloud, le vingt-cinq de juillet de l'an de grâce 1830, et de notre règne le sixième.

CHARLES.

Par le Roi :
Le président du Conseil des ministres, Prince de Polignac.
Le garde des sceaux, ministre secrétaire d'État de la justice, Chantelauze.
Le ministre secrétaire d'État de la marine et des colonies, Baron d'Haussez.

Ministre secrétaire d'État de l'intérieur, Comte de Kyronnet.
Ministre secrétaire d'État des finances, Montbel.
Ministre secrétaire d'État des affaires ecclésiastiques et de l'instruction publique, Comte de Guernon-Ranville.
Ministre secrétaire d'État des travaux publics, Baron Capelle.

*

L'ordonnance de dissolution de la Chambre

CHARLES, etc.
Vu l'art. 50 de la Charte constitutionnelle,
Étant informé des manœuvres qui ont été pratiquées sur plusieurs points de notre royaume, pour tromper et égarer les électeurs pendant les dernières opérations de collèges électoraux,
Notre conseil entendu,
Nous avons ordonné et ordonnons :
ART. 1er. La Chambre des députés des départements est dissoute.
2. Notre ministre secrétaire d'État de l'Intérieur est chargé de l'exécution de la présente ordonnance.
Donné à Saint-Cloud, etc.

CHARLES.

Par le Roi :
Le ministre secrétaire d'État de l'intérieur, Comte de Peyronnet.

*

L'ordonnance sur le nouveau régime des élections

CHARLES, etc.

Ayant résolu de prévenir le retour des manœuvres qui ont exercé une influence pernicieuse sur les dernières opérations des collèges électoraux ;

Voulant en conséquence réformer, selon les principes de la Charte constitutionnelle, les règles d'élection dont l'expérience a fait sentir les inconvénients,

Nous avons reconnu la nécessité d'user du droit qui nous appartient, de pourvoir, par des actes émanés de nous, à la sûreté de l'État et à la répression de toute entreprise attentative à la dignité de notre couronne.

À ces causes,

Notre conseil entendu

Nous avons ordonné et ordonnons :

ART. 1er. Conformément aux articles 15, 36 et 50 de la Charte constitutionnelle, la Chambre des députés ne se composera que de députés de département.

2. Le cens électoral et le cens d'éligibilité se composeront exclusivement des sommes pour lesquelles l'électeur et l'éligible seront inscrits personnellement, en qualité de propriétaire ou d'usufruitier, au rôle de l'imposition foncière et de l'imposition personnelle et mobilière.

3. Chaque département aura le nombre de députés qui lui est attribué par l'article 36 de la Charte constitutionnelle.

4. Les députés seront élus et la Chambre sera renouvelée dans la forme et pour le temps fixés par l'art. 37 de la Charte constitutionnelle.

5. Les collèges électoraux se diviseront en collèges d'arrondissement et collèges de département.

Sont toutefois exceptés les collèges électoraux des départements auxquels il n'est attribué qu'un seul député.

6. Les collèges électoraux d'arrondissement se composeront de tous les électeurs dont le domicile politique sera établi dans l'arrondissement.

Les collèges électoraux de département se composeront du quart le plus imposé des électeurs du département.

7. La circonscription actuelle des collèges électoraux d'arrondissement est maintenue.

8. Chaque collège électoral d'arrondissement élira un nombre de candidats égal au nombre des députés de département.

9. Le collège d'arrondissement se divise en autant de sections qu'il devra nommer de candidats.

Cette division s'opérera proportionnellement au nombre des sections et au nombre total des électeurs du collège, en ayant égard, autant qu'il sera possible aux convenances des localités et du voisinage.

10. Les sections du collège électoral d'arrondissement pourront être assemblées dans des lieux différents.

11. Chaque section du collège électoral d'arrondissement élira un candidat et procédera séparément.

12. Les présidents des sections du collège électoral d'arrondissement seront nommés par les préfets, parmi les électeurs de l'arrondissement.

13. Le collège de département élira les députés.

La moitié des députés du département devra être choisie dans la liste générale des candidats proposés par les collèges d'arrondissement.

Néanmoins si le nombre des députés du département est impair, le partage se fera sans réduction du droit réservé au collège du département.

14. Dans le cas où par l'effet d'omissions, de nominations nulles ou de doubles nominations, la liste de candidats proposés par les collèges d'arrondissement serait incomplète, si cette liste est réduite au-dessous de la moitié du nombre exigé, le collège de département pourra élire un député de plus hors de la liste ; si la liste est réduite au-dessous du quart, le collège de département pourra élire, hors de la liste, la totalité des députés du département.

15. Les préfets, les sous-préfets et les officiers-généraux commandant les divisions militaires et les départements ne pourront être élus dans les départements où ils exercent leurs fonctions.

16. La liste des électeurs sera arrêtée par le préfet en

conseil de préfecture. Elle sera affichée chaque jour avant la réunion des collèges.

17. Les réclamations sur la faculté de voter, auxquelles il n'aura pas été fait droit par les préfets, seront jugées par la chambre des députés, en même temps qu'elle statuera sur la validité des opérations des collèges.

18. Dans les collèges électoraux de département, les deux électeurs les plus âgés et les deux électeurs les plus imposés rempliront les fonctions de scrutateurs.

La même disposition sera observée dans les sections de collège d'arrondissement, composées de plus de cinquante électeurs.

Dans les autres sections de collège, les fonctions de scrutateur seront remplies par le plus âgé et le plus imposé des électeurs ; le secrétaire sera nommé dans le collège des sections de collèges par le président et les scrutateurs.

19. Nul ne sera admis dans le collège ou section de collège s'il n'est inscrit sur la liste des électeurs qui en doivent faire partie. Cette liste sera remise au président, et restera affichée dans le lieu des séances du collège pendant la durée de ses opérations.

20. Toute discussion et toute délibération quelconque seront interdites dans le sein des collèges électoraux.

21. La police du collège appartient au président. Aucune force armée ne pourra, sous sa demande, être placée auprès du lieu des séances. Les commandants militaires seront tenus d'obtempérer à ses réquisitions.

22. Les nominations seront faites dans les collèges et sections de collège, à la majorité absolue des votes exprimés.

Néanmoins, si les nominations ne sont pas terminées après deux tours de scrutin, le bureau arrêtera la liste des personnes qui auront obtenu le plus de suffrages au deuxième tour. Elle contiendra un nombre de noms double de celui des nominations qui resteront à faire. Au troisième tour, les suffrages ne pourront être donnés qu'aux personnes inscrites sur cette liste, et la nomination sera faite à la majorité relative.

23. Les électeurs voteront par bulletin de liste. Chaque bulletin contiendra autant de noms qu'il y aura de nominations à faire.

24. Les électeurs écriront leur vote sur le bureau, ou l'y feront inscrire par l'un des scrutateurs.

25. Le nom, la qualification et le domicile de chaque électeur qui déposera son bulletin, seront inscrits par le secrétaire sur une liste destinée à constater le nombre des votants.

26. Chaque scrutin restera ouvert pendant six heures et sera dépouillé séance tenante.

27. Il sera dressé un procès verbal pour chaque séance. Le procès verbal sera signé par tous les membres du bureau.

28. Conformément à l'art. 46 de la Charte constitutionnelle, aucun amendement ne pourra être fait à une loi, dans la Chambre, s'il n'a été proposé ou consenti par nous, et s'il n'a été renvoyé et discuté dans les bureaux.

29. Toutes dispositions contraires à la présente ordonnance resteront sans effet.

30. Nos ministres secrétaires d'État sont chargés de l'exécution de la présente ordonnance.

Donné à Saint-Cloud, etc.

CHARLES.

Par le Roi :
Le président du Conseil des ministres, Prince de Polignac (signature des autres ministres).

La date des nouvelles élections

CHARLES, etc.

Vu l'ordonnance royale en date de ce jour, relative à l'organisation des collèges électoraux ;

Sur le rapport de notre ministre secrétaire d'État au département de l'Intérieur,

Nous avons ordonné et ordonnons ce qui suit :

ART. 1er. Les collèges électoraux se réuniront, savoir : les collèges électoraux d'arrondissement, le 6 septembre prochain, et les collèges électoraux de département, le 13 du même mois.

2. La Chambre des pairs et la Chambre des députés des départements sont convoquées pour le 28 du mois de septembre prochain.

3. Notre ministre secrétaire d'État de l'Intérieur est chargé de l'exécution de la présente ordonnance.

Donné au château de Saint-Cloud, etc.

CHARLES.

Par le Roi :
Le ministre secrétaire d'État de l'Intérieur, Comte de Peyronnet.

Réf. : LESUR, *Annuaire historique universel pour 1830,* appendice documents historiques, pp. 31-34.

Chronologie

30-31 mars 1814 :	Capitulation de Paris devant les alliés.
2 avril 1814 :	Le Sénat prononce la déchéance de Napoléon à l'instigation de Talleyrand.
6 avril 1814 :	Abdication sans condition de Napoléon.
29 avril 1814 :	Louis XVIII arrive à Compiègne.
2-3 mai 1814 :	Déclaration de Saint-Ouen.
4 juin 1814 :	Proclamation de la Charte.
30 juin 1814 :	Traité de Paris qui ramène la France à ses limites de 1792.
1er novembre 1814 :	Ouverture du Congrès de Vienne.
1er mars 1815 :	Napoléon débarque à Golfe-Juan.
22 avril 1815 :	Acte additionnel aux constitutions de l'Empire.
18 juin 1815 :	Défaite de Waterloo.
22 juin 1815 :	Abdication de Napoléon en faveur de son fils.
8 juillet 1815 :	Louis XVIII est de retour à Paris.
14-22 août 1815 :	Élection de la chambre introuvable.
5 septembre 1816 :	Dissolution de la chambre introuvable.
30 novembre 1818 :	Libération du territoire.
13 février 1820 :	Assassinat du duc de Berry.

20 février 1820 :	Ministère Richelieu.
29 septembre 1820 :	Naissance du duc de Bordeaux.
12 décembre 1821 :	Démission de Richelieu.
28 janvier 1823 :	Louis XVIII annonce l'imminence de l'intervention française en Espagne.
24 mai 1823 :	Le duc d'Angoulême entre à Madrid.
24 décembre 1823 :	Dissolution de la chambre des députés.
26-6 février 1824 :	Chambre retrouvée.
16 septembre 1824 :	Mort de Louis XVIII.
29 mai 1825 :	Sacre de Charles X.
20 octobre 1827 :	Bataille de Navarin.
6 novembre 1827 :	Dissolution de la chambre par Villèle.
17-24 novembre 1827 :	Échec de Villèle aux élections.
5 janvier 1828 :	Martignac devient porte-parole du nouveau ministère.
Début septembre 1828 :	Débarquement en Morée du corps expéditionnaire français.
22 mars 1829 :	Autonomie de la Grèce.
8 août 1829 :	Début du ministère Polignac.
2 mars 1830 :	Discours du trône.
15 mars 1830 :	Adresse des 221.
16 mai 1830 :	Dissolution de la chambre des députés.
29 juin 1830 :	Victoire de l'opposition aux collèges électoraux d'arrondissement.
5 juillet 1830 :	Prise d'Alger par les troupes du général de Bourmont.
25 juillet 1830 :	Proclamation des quatre ordonnances.
28, 29, 30 juillet 1830 :	Émeutes parisiennes.
7 août 1830 :	Louis-Phillipe reçoit de la chambre le titre de Roi des Français.
16 août 1830 :	Départ de Charles X pour l'Angleterre.

Index

Les noms en italique correspondent aux historiens spécialistes de la Restauration.

Table des matières

Achevé d'imprimer en octobre 1999
sur système Variquik
par l'imprimerie Sagim
à Courtry
pour les Éditions Bartillat

Composition – Mise en pages
DV Arts Graphiques à Chartres

Imprimé en France

Dépôt légal : novembre 1999
N° d'impression : 3691
ISBN 2.84100.210.1